運送法

菅原大太郎編

明治三十三年發行

運送法

日本立法資料全集 別巻 1193

信山社

法學士菅原大太郎編

運送法

東京　博文館藏版

凡例

一　本編の目的は主として英國に於ける現行運送法の原則を說明するに在り

二　本編は簡明を主とせんか爲め務めて贅文字を避けたり故に普通著書の如く諸種の圈點を一切使用せす

三　本編に於て所所に一段低く例示を揭けたり是れ英米に於ける顯著の判決例を畧錄したるなり

四　本編を草するに當ては「ホウイーラー」氏「ハッチンソン」氏「ブラウン」氏及ひ「マクナマラ」氏の運送法に關する著書を參考せり

五　日本に於ては運送に關する諸種の規則ありと雖も行政上の規則又は手續法たるに止まり加ふるに數々變更改廢せられ一も原則法として看るへきものなし商法中に運送に關する規定を設けて原則を示せり故に本編に於ては參考に資せんか爲め其規定を挿入せり。又對照の爲め日本民法其他の特別法の規定を挿入し置けり

六　本編說くところは主として英國の運送法なるか故に讀者に英法の概念を抱かしめ

んか爲めに附錄として英法の發達及ひ組織を畧述したり

運送法目次

第五章　運送契約……四八

第八章　運送品に對する運送業者の責任

第九章　運送業者の運送品引渡

第十章　運送業者の權利……一四八

附録

成文法と慣習法……二六七

運送法目次畢

運送法

法學士　菅原大太郎　編

第一章　總論

文明の進歩は交通機關の發達に供ふ交通機關は常に數多の人を乘せ數多の物品を積みて走る其一たひ走るや之に關し權利義務の問題必らす生す。是に於てか國家は之れか權利義務の規定を設けて保護の任に當る是即ち運送法の存する所以なり

英國は商工業の最も發達せる國なり隨て交通機關の來往尤も頻繁にして古來之に關する權利義務の問題續出し判決例積て山を爲し又時の趨勢に應せしめんか爲めに幾多の單行法律、特別條例、諸規則の發布あり。其最も重なるものを擧くれは一千八百三十年に於ける運送人規則 The Carriers' Act, 1830 一千八百五十四年に於ける鐵道及運河運送規則 The Railways and Canal Traffic Act, 1854 一千八百

七十三年に於ける鐵道條例 The Regulation of Railways Act, 1873 及ひ一千八百八十八年に於ける鐵道及ひ運河運送規則 The Railways and Canal Traffic Act, 1888の如き是れなり

英國に於ては海上に於ける運送法の原則は海上法より發し從て海上に於ける運送の問題は海事裁判所の管轄に屬し居たり。然るに第十七世紀の初より海上運送の問題も海事裁判所の管轄を脱し慣習法上の普通裁判所の管轄に屬することとなりぬ。米國に於ては海事裁判所も普通裁判所も共に管轄權を有す米國に於ては運送法は主として各洲の法律により規定せられたり。然りと雖も合衆國憲法の規定より海事裁判所の管轄權、外國通商、國內通商其他或範圍內まては必要なる水路及ひ鐵道に關する管轄權を合衆國政府に與へたり

米國に於ても運送に關する數多の條例規則あり其尤も重なるものは國內通商規則 The Interstate Commerce Act 是なり又鐵道委員なる者ありて鐵道に關する重大の權利を有す

我日本に於ても水陸運送に關する諸種の規則ありと雖も皆な行政上の手續法

たるに止まり運送に關する法律關係の原則を示めすものは商法中の運送に關する規定あるのみ

要するに英米の運送に關する法律は一部は慣習法より成り他の一部は運送人に特別なる諸種の規則より成れり是等の錯綜せる慣習法及ひ諸規則中より現行運送法律の原則を説明し日本の運送法律の規定と對照せしむるは本著の目的なり

運送法とは何ぞや。運送法とは運送に關する權利義務を規定するところの法律なり

運送とは何ぞや。或交通機關の作用により人又は物件を一の場所より他の場所に移轉するの行爲を謂ふ

運送法に於ける交通機關に二種あり。(一)船舶、(二)車輛是なり

船舶によるものは運送通路を水上に取り車輛によるものは之を陸上に取るを常とす

英國に於ては運送法をLaws of Carriers即ち運送人の法又はLaws of Common Carriers

即ち運送業者の法と稱す。其名正確ならさる如しと雖も運送に關する權利義務の問題は運送人又は運送業者か中心と爲りて運送行爲を爲すか爲めに生するものなり。故に此名稱あるは亦た全く理なきにはあらさるなり

第二章　運送者の權利義務

The rights and the duties of Private Carriers

運送人の種類

運送人 Carriers に二種あり

一　運送業者 Common Carriers

二　運送者 Private or Special Carriers

一　運送業者とは運送行爲を以て一定の營業と爲す者を謂ふ

二　運送者とは運送行爲を爲すと雖も之を以て營業と爲ささる者を謂ふ

既に運送人に運送行爲を以て營業と爲す者と然らさる者とある以上は運送人の權利義務に至ても亦之を營業と爲すと否とに因り異ならさることとを得さるは當然なり

慣習法上の權利義務

本章に於ては專ら營業者にあらさる運送者の權利義務をのみ述ふへし。運送者の權利義務と謂ふ然も實は慣習法上の運送人の權利義務なり然らば運送業者も亦此種の權利義務を有すへきや勿論なり。本章述ふる所の權利義務は運送者の權利義務の全體なり。運送業者に至ては特別法の規定、判決例の拘束力等により此他に諸種の權利義務を有す是次章以下に論述せんとする所なり夫れ運送者は物件の受寄者 Bailee of things 又は事務行爲の受任者 Bailee of services なり。運送者は旅客又は荷送人より運送行爲を委託せられ、物品を寄託せられたりと雖も之を以て營業の目的と爲ささるかため法律は單に受任者又は受寄者たるの權利義務を有せしむるのみ乃ち慣習法上の權利義務を有するに止まり特別規則の下に於て何等の權利を有し義務を負はさるものとす

凡そ慣習法上受任者又は受寄者の權利義務は左の三個の原因より生す

(一) 法律の規定
(二) 明示の契約
(三) 默示の契約

(一)法律の規定による權利義務とは全然契約とは無關係にして其訴訟は不法行爲の私犯上の形式 Form ex delict に據る
(二)當事者の明示契約か默示契約又は契約にもとつかさる權利義務 Non—contractual duties と相牴觸せる場合に於ては常に明示契約のみ有效なり。此種の訴訟は契約訴訟の形式 Form ex contractu に據る
(三)當事者の默示契約は契約にもとつかさる權利義務と殆んと差異なきなり。其訴訟の形式に於ても兩者相同しく不法行爲の私犯上の形式に據る

寄託

寄託 Bailment of thigs の場合に於ける受寄者の義務は別段の明示契約あるにあらされは左の三者とす
(一)相當なる注意を以て受寄物件を安全に保管すへきこと
(二)寄託事項の範圍を超脫して受寄物件を使用すへからさること
(三)寄託終了の場合に於ては相當なる注意を以て受寄物件を受取るへき權利者に返還すへきこと

日本の民法及ひ商法の寄託

日本の民法及ひ商法に於ける寄託の重なる規定は左の如し

委任

寄託は當事者の一方か相手方の爲めに保管を爲すことを約して或物を受取るに因りて其效力を生す(民法第六百五十七條)

無報酬にて寄託を受けたる者は受寄物の保管に付き自己の財産に於けると同一の注意を爲す責に任す(同第六百五十九條)

商人か其營業の範圍内に於て寄託を受けたるときは報告を受けさるときと雖も善良なる管理者の注意を爲すことを要す(商法第三百五十三條)

當事者か寄託物返還の時期を定めさりしときは受寄者は何時にても其返還を爲すことを得(商法第六百六十三條第一項)

返還時期の定あるときは受寄者は已むことを得さる事由あるに非されは其期限前に返還を爲すことを得す(同第二項)

委任 Bailment of services の場合に於ける受任者の義務は別段の明示契約あるにあらすんは一旦受任者か事實上其の委託事務に從事したる以上は適當に之れを爲し相當なる注意を施し非理なる方法等により損害を生せしめさることを要す

日本民法の委任

日本民法の規定する委任は其重なる規定左の如し
委任は當事者の一方か法律行爲を爲すことを相手方に委託し相手方か之を承諾するに因りて其效力を生す(民法第六百四十三條)
受任者は委任の本旨に從ひ善良なる管理者の注意を以て委任事務を處理する義務を負ふ(同第六百四十四條)
受任者は委任者の請求あるときは何時にても委任事務處理の狀況を報告し又委任終了の後は遲滯なく其顚末を報告することを要す(同第六百四十五條)
英法に於ては寄託及ひ委任の場合に於て受寄者及ひ受任者の用ゆへき注意の程度は共に『相當なる注意』なりとせりと雖も日本に於ては民法の寄託には受寄者は『自己の財產に於けると同一の注意を爲す責任を有す』と規定し商法の寄託には受寄者は『善良なる管理者の注意を爲すことを要す』と規定し更に民法の委任に於て受任者は『委任の本旨に從ひ善良なる管理者の注意を以て云云』と規定せり。兩國法を比照して立法及ひ法理を論するは興味ある問題なりと雖も紙數に限ありて今茲に之を論することを得す

注意の程度

英法に於ては注意及ひ過失といふことか當事者責任の基礎にして古來慣習法學說及ひ判決例により定まれる原則を述ふへし
法律上の意義に於て注意の程度を分て三級と爲す
(一)相當なる注意 Ordinary care
(二)輕微なる注意 Slight care
(三)重大なる注意 Extreme care
此三級の程度の區別は明瞭に之を分て定義を下たすこと難しと雖も左の如く定義するを以て至當と信す
(一)相當なる注意とは通常の理解力と思慮とを有する人か當事者と爲りたる場合に自己か適當なりと信して施すところの注意の程度なり。日本法典に於て散見する『善良なる管理者の注意』と殆んと同一の意義なるへしと信す
(二)輕微なる注意とは受寄物又は委託行爲に付き全く注意を缺きたるにはあらさるも相當なる注意より稍〻小量にして程度の低き注意を云ふ
(三)重大なる注意とは最高最大の注意といふの意義にあらすして相當なる注意

より稍〻大量にして程度の高き注意を云ふ
注意の程度に二の意義あり
（第一）受寄者か受寄物件を安全に保管するに要する注意の程度は受寄物件の價額に應すへく受任者か委託事務を處理するに要する注意の程度は委託事務の價額に應すへきなり。此意義に從へは注意の程度を三級其他或一定の數に區分することを得す單に受寄物件又は委託事務の價額によるか故に或は非常に高度なる注意を要することあるへく又極めて小量低度なる注意にて事足れる場合もあるへきなり
（第二）受寄者か受寄物件を安全に保管するに要する注意の程度又は受任者か委託事務を處理するに要する注意の程度は寄託又は委任か何人の爲めに何人の利益の爲めに存するやといふ問題によりて決せらるものなり。此意義に從へは左の三の場合を區別することを得
（一）寄託又は委任か寄託者又は委任者の爲めに存する場合。此場合に於ては受寄者又は受任者に要する注意の程度は輕微なる注意にて可なり

(二)寄託か寄託者幷に受寄者の爲めに存し又は委任か委任者幷に受任者の爲めに存する場合即ち寄託または委任か双方當事者の爲めに存する場合。此場合に於ては受寄者又は受任者に要する注意の程度は相當なる注意なり

(三)寄託又は委任か受寄者又は受任者の爲めに存する場合。此場合に於ては受寄者又は受任者に要する注意の程度は重大なる注意なり

右述へたる三個の意義に於ける注意の程度は各場合により或は全然相符合することもあるへく相抵觸することもあるへし而て又一部符合し一部抵觸することもあるへきなり。今日多數の判決例及ひ學説は第二の意義を採用するの傾向あり本著も亦之を採る

今一二の例を擧げて受寄者に要する注意の程度を示さんとす

玆に甲なる者あり無報酬にて「ダイヤモンド」寶石を乙なる者に寄託したる場合に於ては其寄託は單に甲なる寄託者の利益の爲めに存するか故に乙なる受寄者は輕微なる注意を以て該寶石を安全に保管すれは可なり若此場合に

甲か報酬を乙に拂ふときは寄託は甲乙双方當事者の利益の爲めに存するか故に乙受寄者は相當なる注意を以て其受寄物を保管せさることを得す。之に反して乙か甲より一冊の安價なる書籍を閲讀の爲め借受けたる場合に於ては寄託は單に乙の利益の爲めにのみ存するか故に乙は重大なる注意を以て該書冊を保管すへきの義務あるなり。然りと雖も「ダイヤモンド」寶石の如きは其價不廉にして且つ紛失し易きか故に之れか保管を爲すに要すへき輕微なる注意と雖も或は一冊の價廉なる書籍を保管するに要する重大なる注意よりも實際に於ては其程度重く且つ大なるやも計り難きなり

過失の程度

過失の程度にも二の意義あり

(第一) 過失の程度は注意の程度の如く三級あり

(一) 輕微なる注意を缺きたる場合には重大なる過失あり

(二) 相當なる注意を缺きたる場合には通常なる過失あり

(三) 重大なる注意を缺きたる場合には輕微なる過失あり

尤も此意義に於ても當事者の當然施すへき注意よりも高き程度の注意を缺

きたるの故を以て過失に付き責ありといふことを得さるなり
（第二）過失は各場合に於て法律上要する注意の程度を缺きたる場合に存す。此意義に於ては過失の程度を三級其他一定の或數に分つことを得さるなり。若當事者か其地位に於て當然施すへき注意の程度より稍〻小量なる注意を施せしに過きさるときは之を輕微なる過失と稱すへく。若當事者か其地位に於て當然施すへき注意の程度より非常に小量低度の注意を施せし場合には之を重大なる過失と稱すへきなり
此意義に於ては過失は有意にして無意にあらす。故に苟も過失あらは其重大なると輕微なるとを問はす當事者は其責を発ることを得す。或場合に於ては重大なる過失は詐僞と推定せらる而て當事者は重大なる過失に於けるよりも重き損害賠償の責に任せさることを得さるへきなり
第二の意義は第一の意義に優り理論に適し實際に協ひ裁判所及ひ學者の多く採用するところなり。本著も亦第二の意義により次下に説明せんと欲す
實際各場合の爭訟に於て法律上要する注意の程度を缺きたりや否やは事實問

題にして陪審官Juryの頭腦により決せらるへきなり

第三章　運送業者　Common Carriers

運送業者の定義

前章に於て運送業者とは運送行爲を以て一定の營業と爲す者を云ふと定義を下だし置けり尙少しく精く定義を左の如く下だすを至當なりと信す

運送業者とは一般に雇傭契約により物品又は旅客を運送することを營業と爲す者を云ふ

日本の商法に於ては運送人に定義を下たして云く運送人とは陸上又は湖川港灣に於て物品又は旅客の運送を爲すを業とする者を謂ふと(商法第三百三十一條)運送人とは本著に於ける運送業者の義なり

運送業者の資格

右述へたる定義により運送業者たるに要する資格を分析して左に述へんとす

一、運送業者には物品をのみ運送する者もあるへく或種類の物品を限り運送を爲す者もあるへし又旅客のみを運送する者もあるへく而て物品並に旅客を併せ運送する者もあるへきなり尤も判決例中に旅客の運送人は運送業者にあらすと爲す者あり。シウメーカー對キンクスベリー事件の如き是なり其理由に云く運送業者の義務中受寄者の義務と異なれる最重なる點は運送業者は物品の保險者なりといふこと是れなり然るに旅客の運送人は旅客の保險者にあらす故に旅客の運送人は受寄者たるに止まり運送業者にあらすといふにあり(マクナマラ氏運送法)然りと雖も多數の判決例及ひ學説は旅客の運送人も亦運送業者なりとなす本著も之に從ふ

二、運送業者は公に一般に運送行爲をなすを定業とする者ならさることを得す。然りと雖も運送業者は敢て運送行爲を以て唯一の定業と爲すことを要せさるなり

甲なる者あり一艘の端艇を有し常に自己の物品を運ふに用ゐ居たり。一日其不用なるに當り乙に向ひ報酬を拂はば汝の貨物を運搬すへしと談し乙直ちに之を諾し甲爲めに乙の貨物を運びたり此の如きもの毎度の事なり然りと雖も運送行爲を以て定業とせるにあらす臨時に有償にて乙の貨物を運送したるに過きす故に甲は運送業者にはあらさるなり

乗合馬車會社の使用人たる馭者又は車掌は常に旅客の乗車賃を請取り旅客は直接に會社に對して之を拂はす而て馭者又は車掌は錢嚢を肩にして請取れる乗車賃を會社に運ひ行くを常とす。然りと雖も之れか爲めに車掌又は馭者は運送業者なりといふを得す。何となれは彼等は請求に應して乗車賃を運ひ行くのみ金錢を運送するを以て營業と爲す者なりと自ら稱して爲す者にあらされはなり

三、運送業者は其運送の線路及ひ發着の時間を一定することを要せす。尤も其線路及ひ時間の一定せるといふ事實によりて運送業者なりといふことを推測し得へきこと常なりと雖も其一定せるといふことは法律上運送業者たるの要素にはあらさるなり

四、運送業者は一般に運送の方法又は運送の距離に付き何等の制限を受けさるものとす

五、運送業者は臨時に營業者たるの資格を離れ單に運送者として人又は物品の運送を引受ることを得。然りと雖も若其人又は物品は常に營業者として運送

を引受くへき種類のものなりとせは此場合に於ても運送業者として之を引受けたるものと推定せらる

旅客の運送業者たる市街鐵道會社か臨時に物品の運送を委頼せられ之れを引受たりとするも之れか爲めに會社は物品運送業者なりといふことを得す。何となれは物品の運送は常に運送業者として引受け居りしにあらされはなり

六、運送は雇傭契約にもとつかさるへからす。然りと雖も運送賃の額は豫め特定し置くことを要せす。相當なる有償にて運送せらるれは可なり

人あり米穀を俵包に入れ或鐵道會社に運送を委託し歸路無賃にて空俵を運ひ歸るへきことを合意したり。歸路會社か空俵に損害を與へたる爲め爭訟となりぬ。問題は歸路空俵を無償にて運送せし會社は運送業者として之を爲せしものなりや否やにあり。裁判所の判決に云く俵包は米穀の運送に附隨の物なり。既に米穀の運送に運送賃を拂へたりとせは空俵の歸路運送も無償たるへきものにはあらす有償にて爲さるへき行爲なり然らは會社歸路空俵の運

送も其發路と同しく運送業者として之を爲せしなりと然りと雖も或定まれる慣習上其顧客を歡はさんか爲めに會社か其營業以外に無償にて顧客の物品の運送を引受けたる場合の如きは會社は之れか爲め間接に或金錢上の利益を受くることあるも運送業者として有償にて運送を約したるものなりといふことを得さるなり

引渡拂として荷送せられたる運送品あるに當り會社か歸路其拂高を持歸りたるは無償行爲にあらす有償なる運送行爲なり

七、運送業者か常に運送賃を得て運送すへき旅客又は物品を引受けたる場合には運送賃の支拂を受くへく又た之を運送すへきものなりと看做さる。反對の契約なくんは此推定を破ることを得さるなり

右述へしところは運送業者一般に關する法律上の要素なり

各種の運送業者

各種の運送業者

一　鐵道會社

鐵道會社

鐵道會社は通常旅客並に物品の運送業者なり。然りと雖も市街鐵道會社は通常

旅客のみの運送業者なり。尤も旅客のみの運送業者は同時に或範圍まては旅客の手荷物の運送をも爲すを例とす

或鐵道會社か他の鐵道會社の線路に自己の列車を運轉せしむる場合に於ては前會社は運送業者なりと雖も後會社は然らさるなり

甲鐵道會社か乙會社の橋架を賃して列車の通行權を得たる場合に於ては其橋架を所有せる會社は運送業者にあらす通行權を有せる會社が運送業者なり

或鐵道會社か自己の線路に他の鐵道會社の車輛を連結して自ら之を運轉し且つ運送賃の利益を取得し居れる場合に於ては其會社は他の會社の車輛並に旅客に關しては運送業者なり

甲鐵道會社か乙丙の二鐵道會社の線路を連結するの線を有せり。甲會社は乙丙會社の請求により其載貨せると否とを問はす一車輛に付き定額の賃を申受けて一會社の線路より他會社の線路に車輛を轉輾し居れり。此場合に甲會社は運送業者にはあらさるなり。甲會社は單に請求に應して車輛を轉輾し一

馬車會社

定の轉輾料を得るのみ何等の運送賃上の利益分配を受けさるなり米國のN.H.鐵道會社及びB. & A.鐵道會社は「ニウヨーク」より「ボストン」に至る二道の線路を通して列車を運轉す。列車は二會社に屬する車輛より成り各會社各自に機關車及び運轉手を備て自己の線路の部分に付ては列車運轉の全權を握り居るなり。各會社は自己の線路に付ては皆な運送業者なることを疑なきなり

二　馬車會社

各種の乘合馬車會社にして一定の線路を有する者は皆な運送業者なり。日本の馬車鐵道會社の如きは運送業者なり

備馬車會社又は人力車夫の如きは一定の線路を有せすと雖も旅客の運送を爲すことを營業とする者なり。然りと雖も一般に物品の運送業者にはあらざるなり

貨車用の四輪馬車並に二輪馬車、橇其他各種の荷車の所有主は一定の線路を有せすと雖も一般に物品の運送を營業と爲す者なり

然りと雖も英國の或判決例によれば四輪及び二輪の貨車の所有主にして馬と

御者とを附して貸出す者又は傭はれて指定の場所に至る御者の如きは運送業者とは認めさるなり。尤も米國に於ては斯る判決例を認めす貸船及ひ傭船に關する規則と抵觸する者と看做す

車輪全部か雇傭せられたる場合に左の問題を生す

(一)車輛の貸主は借主又は借主の物品の運送業者なりや否や

(二)借主か第三者又は第三者の物品を運送する場合に於ては貸主か運送業者なりや又は借主か運送業者なりや

此問題を決せんに若借主か車輛を占有し之を自己又は自己の使用人をして取扱はしめたる場合に於ては貸主は運送業者にあらす。之に反して借主か車輛を占有せす自己又は使用人之を取扱はさる場合に於ては借主は第三者の地位に立ち而て貸主は常に運送業者となるものなり

借主の使用に供せんか爲めに馬と車とを貸出たすところの貸馬車屋の如きは運送業者にはあらさるなり

人力車の持主か車夫に毎日、毎週或は毎月或一定の貸賃を取て其所有の人力

車を貸出し而て車人は之を用ゐ客人を乘せて自己の利益を受くるといふか如き場合に於ては人力車の持主は運送業者にはあらさるなり

三　滊船會社

船舶に關しては二の問題を生す

(一)船舶は何れの時に運送業者と爲るや

(二)船舶か運送業者なるときは其運送業者としての責任は何人に歸すへきものなりや

(一)船舶は何れの時に運送業者と爲るや

(イ)定期船(渡船を含む)は通常物品又は旅客若くは物品並に旅客の運送業者なり

(ロ)定期船にあらさる貨船又は脚船の類は陸上の貨車の如く一般何人の使用にも應するときは運送業者なり

(ハ)何人の爲めにも物品を運送する爲めに航行する一般の船舶は亦運送業者なり

傭船契約の事項

(ニ)船舶所有者と傭船者との間の契約に因る傭船。此場合は區別して論せさるへからす。傭船契約により傭船者か其船舶を占有し船長及ひ船員を自己の使用人と爲す場合に於ては傭船は運送業者にあらす。然りと雖も若傭船契約に於て船舶は依然所有者の占有に存し船長及ひ船員も亦所有者の使用人たるに止まり傭船者は其船舶に依り自己の物品を運送すへき權利を有するに止まる場合に於ては傭船は運送業者なり

傭船契約の效力を決するには左の事項必要なり然れとも法律か要求する唯一の決定力を有するにはあらさるなり

一、賃貸借の語あるや否や

二、賃額は總括して支拂はるへきや又は運送せられたる物品に應して支拂はるべきや

三、傭船は一定の期間を以てせらるるや否や又は一航海間との定めあるや否や

四、航海又は運送物品か特定せられありや否や。若くは傭船者か自由に船舶

を使用すへき權利を有するや否や

五、何れの當事者か船長及ひ船員を雇ひ之に給料を支拂ひ食料、修繕、保險其他の諸雜費用を支拂ふへきや

昔の判決例に於ては疑はしき場合には常に傭船契約は賃貸借なりと決せし傾向ありしも今日に於ては然らさるなり

（ホ）曳船は運送業者にあらさるなり

船舶に關する日本商法の規定を見るに第五百三十八條に於て「本法に於て船舶とは商行爲を爲す目的を以て航海の用に供するものを謂ふ」とあり而て船舶の種類に關して法律の適用を同條第二項に示めして云く「本編の規定は端舟其他櫓櫂のみを以て運轉し又は主として櫓櫂を以て運轉する舟には之を適用せす」とあり

船舶に於ける責任者

（二）船舶か運送業者なるときは其運送業者としての責任は何人に歸すへきものなりや

（イ）船舶所有者。傭船契約に於て船舶か所有者の占有に存し船長及ひ船員か

亦所有者の使用人なるときは所有者は運送業者たるの責任を負ふものなりとす

(ロ)傭船者。傭船契約に於て傭船者か船舶の占有者となり船長及ひ船員を自己の使用人と爲す場合に於ては運送業者たるの責任は傭船者の負擔なりとす。然りと雖も傭船者は船舶の占有を爲ささるときと雖も運送業者たるの責任を負擔すへき旨を運送契約に於て特約することを得

(ハ)船長。船長は個人的に運送業者としての責任を負ふ

(ニ)船舶。米國法に於ては船舶も對物訴訟に於て海事裁判所の所轄に屬し責任者たるの地位にあり

運送業者にあらさる者

左に列擧する者は運送業者にはあらさるなり

一　郵便局役員

二　橋賃を取る橋の所有者

三　電信會社。電信會社は信報の運送業者にあらす唯信報委託事務の受任者なるのみ。一般に會社は發信人と契約するも受信人とは何等の契約を爲ささる

なり。故に若信報か誤り傳へられ又は受信者に全く引渡されさりし場合に於て受信者か損害を被むるも會社に對して賠償を請求することを得す。何となれは受信者は會社と何等の契約を爲ささりしなり即ち契約の當事者にあらされはなり。若發信人か受信人の代理人として會社と契約したる場合に於ては受信人と雖も契約の當事者として賠償權を有すへきなり。是れ英國及米國に於ける或州の判決例の採用する理論なり。然りと雖も米國多數の判決例を見るに會社は受信人の爲めに受信人の利益の爲めに契約を爲せしなり即ち受信人の爲めに信報委託事務を遂行せんことを約せし者なり故に會社は受信人に對して義務を負ふ者なり。會社は右の場合に於て賠償の責に任すへきなりとあり

四　車輛會社。鐵道會社の爲め車輛を貸し鐵道を走らしむるのみ運送業者にはあらさるなり

五　運送業者の使用人。使用人自身は運送業者にあらす。但船舶に於ける船長は運送業者たるの責を負ふへきは前述せしか如し

今左に運送業者に似たる旅店の主人に付き少しく述へんとす

旅店の主人

旅店の主人とは場屋を搆ひ旅客を引受け之に食物及ひ宿所を供するを以て一定の營業とせる者を謂ふ

旅店は之を下宿屋と混すへからす。下宿は一夜二夜の旅客を引受るを以て營業とするものにあらす。又旅店は之を貸座敷と混すへからす。貸座敷は單に客人に座敷を供し宿所を與ふるのみ食物を供せさるなり。又旅店は飮食店、料理屋、銘酒屋、茶店と混すへからす。是等の塲屋は客人に飮食を供するのみにて座敷宿所を供せさるなり

旅店の主人は旅店を引受くるのみならす尙下宿人をも引受くることを得へきなり

運送業者の權利義務に至ては次章以下に詳論せんと欲するところなり。今旅店の主人の事を述ふるに當り其權利義務を簡單に玆に說き比照の便に供する亦無用の業にあらすと信し左に少しく之を揭けん

旅店の主人は苟くも塲屋に客室を有する範圍內に於ては何人と雖も旅客とし

て引受を請ふ者を引受くへきの義務あり。然りと雖も旅店の主人は異常にして旅客として不適當なる情態を有する者は之を拒むことを妨けす而て下宿人に至ては之を引受くると否とは一に旅客の主人の擇ふところに任す。旅店の主人は大に不行状の客人を拒むことを得又客人に供給する費用の支拂を拒む者を謝絶することを得而て又旅店にて定めたる相當の手續規則に服せさるものを拒絶することを得へきなり

旅店の主人は供給に相當代價を申受るの權利あり而て前金の支拂を請求することを妨けす

旅店の主人は旅客か旅店に携來りし物品全躰の上に支拂に對する擔保權を有し其支拂を受くるまて之を留保することを得。然りと雖も旅客の身躰を留保することを得す

旅客の主人は物品運送業者と同しく旅客の所有品の保險者なり。單に旅客の手荷物のみならす苟くも旅店の主人か旅客をして旅店内に持入ることを許したる物品全體の保險者なり。旅店の主人は自己の過失にもとつかさる場合則ち盜難

若くは失火等により旅客の物品を滅失又は毀損せしめたる場合に於ては賠償の責任あり但不可抗力、敵人、物品固有の悪質、客人自身の過失又は客人同伴の者の過失により物品の滅失、毀損を來さしめたる場合に於ては責任を負ふへき限にあらす

日本の旅店主人

今日は一般に條例の下に於て旅店の主人か貨幣、寶石其他高價の物品を留置すへき安全の場所を備ひ之を客人に告げたる上にて是等の有價物品を此場所に留置したる場合に於ては其滅失又は毀損に對する賠償の責任を免るゝことを得へき旨を規定せり

日本商法に於ては寄託の章に於て旅店主人の責任を規定すること左の如し旅店、飲食店、浴場其他客の來集を目的とする場屋の主人は客より寄託を受けたる物品の滅失又は毀損に付き其不可抗力に因りたることを證明するに非されは損害賠償の責を免るゝことを得す(商法第三百五十四條第一項)

客か特に寄託せさる物品と雖も場屋中に携帶したる物品か場屋の主人又は其使用人の不注意に因りて滅失又は毀損したるときは場屋の主人は損害賠償の

責に任す(同條第二項)
客の携帶品に付き責任を負はさる旨を告示したるときと雖も場屋の主人は前二項の責任を免るゝことを得す(同條第三項)
貨幣、有價證券其他の高價品に付ては客か其種類及ひ價額を明告し之を前條の場屋の主人に寄託したるに非されは其場屋の主人は其物品の滅失又は毀損に因りて生したる損害を賠償する責に任せす(同第三百五十五條)

第四章　運送業者の承諾義務(引受義務)

The Carrier's duty to accept business

本章以下に於ては運送業者の權利義務の實質內容を述へんと欲す
第二章に於て述へたるか如く運送者の權利義務の全體は運送人の權利義務なり。運送業者も運送人たるの故を以て第二章所述の權利義務を有すへき勿論なり。然りと雖も運送業者は其營業者たるの故を以て其他に諸種の特別規則の規定等に因り諸種の權利義務を有するものなりとす

承諾義務

慣習法に於ては運送業者は隨意に其設備を爲し。隨意に運送區域を定め。隨意に停車場、碇繫所を定め又隨意に發着の時刻を定むることを得

米國に於ては條例以外に於て或州によりては特權、特許及ひ獨占權を得たる鐵道會社は過大なる業務の設備を爲すことを要せさるも普通に相當に世人一般より豫期せらるゝだけの便宜は備へ置かさることを得す

右の原則は鐵道會社と類似せる位地にある他の運送業者にも適用せらるへきなり。然りと雖も郵便物を運送するの契約は或便宜を備ふへき特約を爲すこと往々之れあり

英國に於ても右と實質を同ふするの原則か一千八百五十四年發布の鐵道及ひ運河規則にて定まれり

凡そ運送業者は其業務に關し設備と便宜とを有して世に待つ範圍内に於ては何人の何等の申込と雖も承諾して引受くへきの義務を有す。英國に於ては此原則は鐵道及ひ運河には適用せられ得へきも旅客運送に關して適用せられ得へきや否やは疑問なり

承諾義務の制限及ひ除外

英國に於ては鐵道及ひ運河規則により鐵道及ひ運河會社は運送することを欲せさる物品と雖も苟くも危險なる物品にあらさる限りは之れか運送を拒むことを得す。米國に於ては斯る條例規則の明文なしと雖も便宜を設くへきことを强制せられたる運送業者にも亦適用せらるへき原則なりと信す

運送業者の承諾義務は左の制限及ひ除外を受くるものなりとす

運送業者の承諾義務は荷送人又は旅客か運送賃を前金にて支拂ひ又は支拂はんとすることを條件とす。然りと雖も支拂の事實上の提供は必ならすしも必要にはあらさるなり

運送業者は運送を爲すに不適當なる情態に於てある旅客又は物品を引受ることを要せす

運送業者は泥醉者、瘋癲其他精神錯亂者、傳染病者、相當の規律に服せさる者又は有害危險の行爲を爲す者を拒むことを得

盜賊、賣淫婦の如き惡漢は其有害危險の行爲を爲さんとする恐ある場合に限り之を拒むことを得

航海中船舶內に於て營業を爲さんとの目的を以て乘込む旅客は之を拒むことを得特に之れか爲めに運送業を害するの結果を來たすか如きものは尙更の事なり

運送業者か事實上世に待つ設備の範圍を脫し運送に危險なる物品は之を拒むことを妨けす又荷造不良の爲め等にて其物品を害せされは運送することと能はさるか如き物も亦之を拒むことを妨けさるなり

運送業者は荷送人に對して運送物品の性質を開示すへきことを請求するの權利なきなり然りと雖も左の場合を考へさることを得す

(一)運送業者か運送品の價額に應して運送賃を定むへき權利を有する場合に於ては其價額を示めすへき旨を請求することを得

(二)物品か運送を爲すに不適當なりと推測すへき正當の理由ある場合に於ては亦其價額の報告を請求することを得

(三)運送業者に斷なくして危險なる物品を荷送する荷送人は義務違背の責任あり

運送賃

(四)荷送人か運送品に關する事實を詐り又は之を隱蔽するときは其詐欺か原因となりて生せし損害の賠償を請求することを得す

運送業者は不適當なる場所又は時刻に於て旅客の乘込を拒み運送品の引渡を受くることを拒むことを得。運送業者か旅客の乘込又は物品の引渡を受るため一定の場所を有せる場合に於ては其場所以外に於ける旅客の乘込又は物品の引渡を受くることを拒むことを得。運送業者は旅客の乘込又は物品の引渡を受くるの時刻、場所其他引渡の方法に關する相當の手續規則を設くることを得。此場合に於ては其手續規則に違背せる旅客の乘込を拒み又は物品の引渡を受くることを拒むことを得

運送業者は發車又は發船の時刻より遙か前に運送品の引渡を受くることを要せす從て其發車又は發船に至るまての間其運送品に對して何等の責任を負ふことを要せす

運送業者は相當なる運送賃を以て運送行爲を遂行せさることを得す。運送品の價額及ひ運送の危險に應じて之を定むるか如きは相當なる運送賃の標準なり

英國及ひ北米合衆國に於ては鐵道の運送賃の割合を定むることに關して種種なる條例規則發布せられたり。或場合に於ては鐵道事務官 Railroad Commissioners に或範圍内まては之を定むるの權利を附與せられたり

鐵道會社は運送品を數等の階級に區分し同級の運送品にはすべて同額の運送賃を課するを例とす。此階級の區別は運送品の價額、運搬の費用其他水路運送との競爭等を以て標準と爲すか如し。米國の北東部に於ける政府所定の階級によれは運送品を六級に分ち「シカゴ」より「ニウヨーク」に至る間に重量百磅に付き七十五仙乃至二十五仙の差あり

運送業者か相當なる運送賃を以て旅客又は物品の運送を拒絕したる場合に於ては旅客又は荷送人は左の方法により救濟の途あり

(一) 旅客又は荷送人は先つ相當なる運送賃の申出を爲し次に運送業者の運送拒絕に對して私犯上の訴訟を提起することを得

(二) 旅客又は荷送人は拒絕證書を作り運送業者か要求する運送賃額を仕拂ひ後ち拂へたる額より相當なる運送賃額の超過額の返還を訴ふることを得

然りと雖も旅客又は荷送人か運送業者と或額の運送賃を特約したる場合に於ては後に至り其約束額の不廉なりしといふの故を以て其幾分の返還を請求することを得す是旅客又は荷送人か自由に隨意に運送業者と不廉なる額を特約したるものなれはなり

甲農夫あり乙會社と特約し或運送賃を以て日日牛乳若干量の運送を託し居れり。然るに後乙會社と丙と特約し甲よりも廉價にて同距離間同量の牛乳の運送を爲せるを發見し甲か乙會社に對して甲と丙との特約額の超過額の返還を請求したるも甲の敗訴に歸したり。是れ甲か隨意に乙會社と特約せしものなれは亦如何とも爲し難く相當なる運送賃又は他人の拂ふ運送賃よりも高額なりとの故を以て救濟を求むることを得さるなり

然りと雖も運送賃支拂の義務者か其運送賃の不當且つ不法なる高額なることを知らすして善意にて之を支拂へたる場合に於ては相當なる運送賃の超過額返還を請求することを得へきなり

慣習法に於ては運送業者は顧客間に運送行爲の差等區別を設くることを禁せ

す。一般公衆に對して平等公平均一に運送行爲を爲すへき義務なきなり
運送業者は各人に對し一般に相當なる運送賃の支拂を受くへきものなるも或特定の人に限り相當額より廉に或は他の特定せる人よりも更に廉に運送賃の支拂を受くることを妨けす
運送業者の設備便宜を超過せる物品運送の申込ありたるときは運送業者は或特定の人の物品に限り之を引受け他を拒絶することを妨けす
鐵道競爭の未た起らさる前に當ては運送行爲の差等に對して充分の保護ありしも一たひ競爭起るや運送賃の差等に關し種々なる大弊害を生するに至り之を匡正せんか爲め諸種の法律規則條例の發布を見るに至りぬ
米國に於ては條例規則以外に於て特權、特許及ひ獨占權を得たる鐵道會社又は他の運送業者は運送行爲及ひ運送賃の割合に關して不當不正の差等を設くることを得す
英米共に今日に於ては條例規則の下に於て鐵道會社の不正不當なる差等を設くることを禁せり。併し正當にして理由ある差等は之を設くることを妨けさる

正當なる運送賃の差等

なり

如何なる差等か正當にして理由あるものなりやは議論の存する新問題にして法律家の頭腦を惱まし裁判所の判決例を區區ならしめたる困難の問題なり。今玆に其詳細を述べ難しと雖も重要なる點を左に畧述せんと欲す

(一)不正不當なる差等は如何なる形式に於て爲さるるとも不正不當なりとい
ふ點に於ては同一なり。一層の便宜を與ふると運送賃を廉にすると不良の階級を立つるとを問はさるなり

(二)一様なる勞務には一様なる報酬の供ふは一般の原理原則なり

(三)一様なる物品か一様なる情態に於て運送せらるる場合に於ては差等を設くることを得す

荷送人あり數多の人より運送物品を集め之を一個の箱に詰込み運送を託せし場合に其運送賃の割合は運送品の各所有者か各別に其物品を荷送せし場合よりも低廉なり。故に此場合に於てはすべての物品か盡く一人の所有に屬する場合よりも高額の運送賃を請求することを得ず。何となれは一様なる物

品か一様なる情態に於てあれはなり
鐵道會社か或人に對し普通の運送賃の割合より一噸につき十五仙つゝ低廉に石炭を運送せんことを特約したり。其約因として其人は會社の地所内に大金を投して貯炭場の建築を爲し會社をして其一部を使用せしめ常に石炭の大量を會社の手にて運送せしめ其積荷の費用をも支拂ふへしとのことなりき。此場合に於ける低廉なる運送賃の割合は正當にして理由ある差等なりとす
(四)積荷の容量か運送を廉にし又は容易ならしめたる場合に於ては大なる積荷を比較的低廉なる運送賃の割合に於て運送を爲すも不當不正にはあらさるなり
一貨車に滿載したる物品は其一部分に積載せる物品よりも一般に比較的低廉なる運送賃の割合にて運送することを妨けす。然りと雖も貨車の半分に積載せる物品は其四分の一の部分に積載せる物品よりも比較的低廉の割合にて運送するか如きは正當なる差等といふことを得さるなり

石炭、焦煤、礦水又は麥酒の如き物を最も酷似せる情態に於て運送するに當り一は他よりも大量に且つ定期に荷送する場合に於ては前者は後者より比較的に運送に要する費用少なく從て前者は後者より比較的低廉の運送賃の割合にて運送するも不當なる差當にはあらさるなり

定期に一定の物品の大量の運送を託すへきことを保證する荷送人に對しては運送業者は比較的低廉の運送賃の割合を請求するも可なり。是れ單に其物品の大量なると小量の物品より割合に低廉に且つ容易に運送し得るか爲めにあらずして其定期の荷送なるか爲め之を排列運送するに比較的低廉なればなり

(五)運送品の價額は運送の費用を定むる標準にして從て運送賃の差等を定むる適當の標準なり。然りと雖も運送業者か荷送人より相互的に利益を享るといふ事實は之れか適等の標準なりと稱することを得さるなり

運送業者か他種の營業を兼ぬる場合に其兼業の爲めにも亦荷送人に役せらるるといふの故を以て荷送人の運送賃を低廉と爲すが如きは不當の差等と

いはさることを得す
或種の物品未た到らさるの地に新市場を開かんことを望める荷送人又は運送業者あるに當り荷送人に低廉の差等を設けは其結果運送業者も亦其業務の繁榮を來すへしといふか如きは適等なる差等の標準にはあらさるなり
或一定の區域内に於ては何れの場所より發し何れの場所に着するも其遠近距離を問はす皆な一樣の運送賃割合を取るといふの制(Group rates or blanket rates)は之れか爲めに他の區域に接近せる場所は比較的不廉の割合の運送賃を拂ふ者にして其接近せりといふ好地位の利益を失ふ者なりといふの理由を以て其不當を主張することを得す。是れ英國に於て條例の下に特定せられたる所なり。然りと雖も此區域の排置は不當不理ならさることを要すへきや勿論なり
運送業者は單に同業者間の競爭といふことのみによりて其營業の繁榮をはからんか爲め或特定の人に限り特別の運送賃を求むるか如きは不當なり。此場合に於て英國は條例の下にて他の顧問をして其特定の人より超過せる運送賃額の返還を請求せしむることを得せしむ

長短距離規則

然りと雖も運送業者か或一點に於て競爭の下にありといふの事實あらは其一點と他の諸點とを比較し其一點に於てすへての顧客に如何なる運送賃を請求すへきやを決して其額を定むることを得
英米共に特別規則の下に於て一樣の運送を爲すに當り短距離か長距離の一部分たる塲合に於ては短距離の運送賃は長距離の運送賃に超過することを得すと規定せり。此規定は『長短距離規則』"Long and Short haul"と稱せらるゝものなり。尤も此規則に於ても又如何なる法律の規定に於ても其運送賃の割合は距離と必らすしも精確に正比例することを要せさるなり
米國に於て「シカゴ」と「ニウヨーク」との間には數多の鐵道線路あり其中にて「ホドソン」を通過するものは「ニウヨーク、セントラル」鐵道會社の一線あるのみ然るに「ニウヨーク」の鐵道競爭は「シカゴ」より「ニウヨーク」に至る全線通過の運送賃の割合を皆同一ならしめ然かも其運送賃の割合の如きは各鐵道會社をして營業上利益なきまてに低廉ならしめたり。然るに其中間に於ける局所間の運送賃の割合は全線通過に比すれは却て比較的に高直なり即ち「ニウヨーク、

セントラル」會社の線路により「シカゴ」より「ホドソン」に至る運送賃は「ニウヨーク」に至る運送賃よりも一哩毎に比較的に不廉なり。然りと雖も法律は敢て之を禁せす。唯絶對的に高直不廉ならさることを要するのみ。何故に鐵道會社か全線通過の場合に於ては局所間に於けるよりも不利益なる運送賃の割合にて滿足するやといふに全線通過は比較的に運送費用を要せすといふ理由も多少あるへしと雖も重なる理由は一定の費用と運轉費との差額の割合に據るものなりとす。一定の費用は運送業務の繁閑を問はす常に變せさるか又は殆んと常に同一なりと雖も運轉費に至ては業務の繁閑により變するか又は殆んと常に同一ならす。運送業務は重に此一定の費用と運轉費とを支拂ふ割合に於て營まるるものなり。然りと雖も此の如き割合に於て爲すことを要せさる附加の運送にして然かも低廉の運送賃にて事足るへきものは運轉費を支拂ひ剩餘あらは運送を遂行して利益あるものなりとす。日本に於て横濱神戶間に鐵道と滊船との競爭起るあらは鐵道の運送賃額は滊船の運送賃額より超過することを得さるへきなり。局所間の運送賃の比例額か一定の費用と運轉費とを支拂ひ剩餘あらさるときは競爭線なき場合に於ては其賃額を高くすることを得さるへきなり。然りと雖も全線通過の場合に於ては運送賃の比例額か運轉費を支拂ひ剩餘あらは競爭に際して其賃額を低減するに至るへきなり。故に或局所間の已むことを得さる運送賃の比例額は事實上全線通過の額より高直なることあるへきなり。要するに短距離間の運送賃の比例額か長距離間の額より高直なることは必すしも常に不當にはあらさるなり長短距離規則は一全線か數多の接續線より成れる場合にも適用することを得へきなり。然りと雖も其運送か實質的に一樣なる情況に於てある場合に限るものなりとす。單に已むことを得さる事情に出るか又は適當なりとの理由を以て徒らに長距離の運送賃の比例額を低減することを得さるなり。故に左の三個の原則あり

(一)　長距離は短距離に比し比較的に運送費を要せすといふの事實存せは其差大にして明瞭に且つ異常の事情の下にあらさるよりは此事實のみを以て短距離の運送賃の比例額を不廉ならしむるは不當なり

(二)鐵道間の普通の競爭は各鐵道か盡く同一法律の下にあるときは長短距離規則の支配を脱することを得す。然りと雖も水上運送業者又は外國鐵道との競爭の場合其他國內鐵道の或例外の場合に於ては此規則の適用を受けさるなり。

「シカゴ」「ニウヨーク」間の米國鐵道は同一法律の下に同業者間の競爭を爲すと同時に他の法律の下に湖上運河又は「カナダ」線との競爭を爲す

二點間の一競爭線路か他線路に比し頗る長距離なる場合に於て然かも全線通過の比例額を高直にする能はさる場合に於ては其比例額を局所間の比例額に比し非常に低減するも敢て不當にはあらさるなり

(三)同一全線通過の競爭線路間に於ける運送賃比例額の競爭は局所間の比例額を全線通過の比例額より高直ならしむる正當の理由となす

嘗て米國に於て「セントルイ」より「テキサス」に至る一等運送賃の比例額か重量百磅に付き壹弗三十三仙なりしに比例額の大競爭の末一時百磅五十仙マデ低減せられたり。然りと雖も競爭線なき局所間の比例額は百磅壹弗十仙乃至

壹弗貳十仙なりき。此場合に於て局所間の短距離の比例額の高直なることは不法なり

運送業者か荷送人なる場合に於ては專ら自己の便益をはかるへからす

米國に於ける或鐵道會社は鑛山業を營み其石炭の多量を自ら運ふものあり此場合に於ては該會社は他人の石炭を運送するよりも自己の石炭運送に多くの便利を供するか如きは不法なり

甲鐵道會社か乙採鑛會社の總資本を所有し名義上のみ他人に對すると同一の比例額の運送賃を以て乙會社の採取せる石炭を運送し居れり。甲會社か乙會社に貸與せし資本金の利息は其運送せし石炭拾噸に付き拾仙の割合に等し。甲會社は其利息額に相當せる償を得て運送し來りぬ。此場合に於て拾噸拾仙といふ割合は不當の差等なり

運送業者か他の數多の運送業者と共に運送業務に從事せる場合に於ては不相當に一の運送業者をのみ利すへからさるなり

鐵道會社は運送業者の貨車を荷御すことを要せす。然りと雖も一運送業者の

爲めに荷卸を爲したるときは他の運送業者の爲めにも之を爲すへきものなりとす

鐵道會社か他の會社と共同停車場を有する場合に於ては第三會社をして之を使用せしむへきの義務なし又は共同停車場の使用者と同一條件の下に第三會社と其接續點に於て貨物を授受すへきの義務なきなり。何となれは鐵道會社は第三會社と共に業務に從事せされはなり

或種類の人に限り特別の運送賃を請求し又は無賃にて運送を爲すの慣習か從來存せしも英米共に特別規則に規定せる場合を除きては之を禁することゝなれり

運送業者は其顧客に對して一樣の待遇を與へさるへからすといふ法律の規定は自己の業務を營まんか爲めに運送者の船車又は場屋に入込む者に適用せられさるなり。運送業者は彼等か顧客の爲めに不便を來たし其他正當の理由あるにあらされは全然之を拒み又は一を入れ他を拒むことを得す

鐵道會社は其場屋内に於て或特定の人に食料又は新聞雜誌類を賣却するの

權利を與ひ又は旅客の手荷物運搬を爲すの權利を與ふることを妨けす」之を要するに運送業者の承諾義務即ち引受義務は苟も其設備の範圍內に於ては何人の何等の申込と雖も之を承諾して引受くへき義務あるは一般の原則なり。然りと雖も此原則は諸種の特別規則、判決例等の爲めに種々なる制限を受け或は顧客を限り或は物品を限り或は時刻、場所を限ることを得。就中運送賃の比例額に關する差等制限の如きは最も難問なりとす

第五章　運送契約

The Contract of Affreightment.

運送契約とは之に因り運送に關する利害關係人の權利義務を定むるところの契約なり

運送契約の種類

運送契約は必ならすしも書面を要せす又一定の形式を要せさるなり書面にて運送契約を爲す場合には左の三種あり

一　受取證　Receipts.

二　貨物引換證　Bills of lading.

受取證

貨物引換證

三　傭船契約證　Charters or Charter-parties.

此三種の契約は其成立、性質及ひ效力を異にするか爲め說明を要す

一　受取證

運送業者の作成する運送品の受取證は契約にあらす。然りと雖も受取證は時としては契約たるへき實質を具有し或は契約たるの證據力を有す

受取證は一般に荷受人に送付せらるゝものにあらす又物品引渡の時に引換交附せらるゝものにあらす

物品が船舶に積載せらるゝときは船員は常に『船員受取證』なる者を作成して之を交附す。此證は船荷證劵の交附せらるゝとき引換へらるゝものなりとす

陸上運送業者の作成する貨物引換證は亦屢〻受取證とも稱す

二　貨物引換證

貨物引換證は通常海上運送業者により作成せらるゝと雖も亦屢〻他の運送業者によりても作成せらる

日本商法に於ては海上運送業者の作成する貨物引換證を船荷證劵と謂ふ故に

名称の便宜上爾後本著に於ても之に倣ひ船舶海上の場合には之を船荷證券と称すへし併し英法に於ては此場合にも別名を用ゐるにはあらさるなり

船荷證券

船荷證券には船長の署名あるを常とす。然りと雖も時としては時に定期船に於ては船舶代理人の署名あるを常とす

日本商法の船荷證券

日本商法には船荷證券の作成に關し左の規定あり

船荷證券には左の事項を記載し船長又は之に代はる者署名することを要す

一　船舶の名稱及ひ國籍
二　船長が船荷證券を作らさるときは船長の氏名
三　運送品の種類、重量若くは容積及ひ其荷造の種類、個數竝に記號
四　傭船者又は荷送人の氏名又は商號
五　荷受人の氏名若くは商號又は所持人に運送品を引渡すへきこと
六　船積港
七　陸揚港但發航後傭船者又は荷送人か陸揚港を指定すへきときは其之を指定すへき港

八　運送賃
九　數通の船荷證券を作りたるときは其員數
十　船荷證券の作成地及ひ其作成の年月日(商法第六百二十二條)

船荷證券の効力

船荷證券は通常三通作成せらる。一通は船長之を保有し一通は荷送人之を保有し而て他の一通は荷受人に送付せらるゝを常とす。陸上の貨物引換證も亦た屢〻數通作成せらる。之に關し日本商法の規定を見るに船長は傭船者又は荷送人の請求に因り運送品の船積後遲滯なく一通又は數通の船荷證券を交付することを要す(商法第六百二十條)

一通の船荷證券により物品の引渡ありたる場合に於ては他の船荷證券は一般に其效力を失ふ。若各通相牴觸することあらは船長の留保せるものゝ其效力最も薄弱なり

日本商法に於ける船荷證券の効力

此點に關し日本商法には左の規定あり
陸揚港に於ては船長は數通の船荷證券中の一通の所持人が運送品の引渡を請求したるときと雖も其引渡を拒むことを得す(商法第六百二十四條)

陸揚港外に於ては船長は船荷證券の各通の返還を受くるに非されは運送品を引渡すことを得す(商法第六百二十五條)

二人以上の船荷證券所持人か運送品の引渡を請求したるときは船長は遲滯なく運送品を供託し且請求を爲したる各所持人に對して其通知を發することを要す船長か第六百二十四條の規定によりて運送品の一部を引渡したる後他の所持人が運送品の引渡を請求したる場合に於て其殘部に付き亦同し(商法第六百二十六條)

二人以上の船荷證券所持人ある場合に於て其一人が他の所持人に先ちて船長より運送品の引渡を受けたるときは他の所持人の船荷證券は其效力を失ふ(商法第六百二十七條)

二人以上の船荷證券所持人ある場合に於て船長か未た運送品の引渡を爲さゝるときは原所持人が最も先に發送し又は引渡したる證券を所持する者他の所持人に先ちて其權利を行ふ(商法第六百二十八條)

貨物引換證又は船荷證券には國外に對して効力を有する者あり又國內にのみ

効力を有する者あり

貨物引換證の性質

貨物引換證の作成に關しては特定の形式を要せす。然りと雖も多數の運送業會社は皆な自社用の一定の形式を有するを常とす

貨物引換證は左の二個の性質を具有す

(一) 運送品の受取證

(二) 運送契約

運送業者の作成交付する運送品の受取證は一般の受取證の如く單に物品を受取りたりといふ證據力を有するものと推定せらるゝに止まるなり。若物品か受取られさりしならは貨物引換證上の契約は其主たる物件なきか爲めに無効なり物品の一部のみ受取られしに過きさる場合も亦然り。此規則は運送品、受取證又は貨物引換證の價額上の善意の讓受人に對しても有効なり。此種の證書は流通證書にあらさるなり

然りと雖も運送業者又は證書作成の權限を有する運送業者の代理人か惡意にて事實受取らさる物品の受取證を作成したる場合に於ては之れか交付を受け

たる者か善意にて其證を以て爲せし行爲に對しては運送業者は詐僞又は權限超越の責任を負はさることを得す。價額上の善意の讓受人は證書の交付を受けたる者なりや否やは疑問なりとす

運送業者か物品を受取らさりしを知りなから貨物引換證を作成し其證に荷受人として記名せられたる者をして其證を銀行にて使用し貨幣を借受け之を以て其證の下に運送すへき物品を購ひ之を運送業者に引渡さしめんとする場合に於て荷受人か其證を銀行に持行き貨幣を借受けなから物品を運送業者に引渡さゝりしときは運送業者は銀行に對して責を負ふへきは勿論の事なりとす

然りと雖も運送業者か貨物引換證を作成し荷受人に對して單に翌日物品を引渡すへき旨を約し荷受人をして其證を以て貨幣を借り得へからしむる目的にあらさるにも拘はらす荷受人か之を以て銀行より貨幣を引出したりといふ場合に於て運送業者は銀行に對して責を負ふへきものなりや否やは疑問なり

船長又は受取證及ひ貨物引換證に署名する運送業者の他の代理人は事實上物品を受取りたる場合に限り常に證書に署名するの權限を有するものなりとす。夫故に事實上物品を受取らさりしに拘はらす這種の代理人か作成したる受取證又は貨物引換證は一般に運送業者を拘束せす何となれは代理人の權限に缺欠あれはなり又此場合に於て本人は其代理人なりと稱する者の權限を非認することを得。代理人は或場合に於ては詐僞又は其權限上の暗默の擔保に對して責を負ふへきなり。尤も此場合に於ては概括代理人か其表顯の權限の範圍內に於て行爲を爲すを意味するにはあらさるなり這種の代理人は明かなる慣習に依り這般の行爲を爲すへからさるの制限を受くるものなりとす

然りと雖も北米合衆國の或洲に於ては或種類の行爲を爲すへき權限を有する代理人か各場合に於て爲すへき權利は代理人としての職務の性質上特に知得せさるへからさる特殊の事實の存否により決せらる而て代理人か其事實の存在せんことを表示して行爲を爲せは本人は其表示を受けし相手方か其表示に因り通常の執業中善意にて或行爲を爲せし場合に於て其相手方に對して其事

實の存在を非認することを得すとの原則を採用せり(此原則は近來漸く法律上認められたるものにして物品を受取らさる代理人の作成する貨物引換證は無効なりといふ規則よりも後に認められたるものなり)。夫故に一般に貨物引換證を作成すへき權利を有する代理人か物品を受取らすして之を作成したる場合に於て本人は其默示の表示を受け之に因り或行爲を爲せし當事者に對して物品の受取られたりといふことを非認することを得す。價額上の善意の讓受人は其表示を受けたる相手方と看做すへき否やは疑問なり

英國に於ては條例の下に於て船長か事實上受取らさりし物品に對して船荷證券を作成したる場合に於ては苟くも詐欺に因て作成せられたるにあらさる限りは價額上の善意の所持人に對して證券上の責任を負ふへきものとせり。北米合衆國に於ても亦同樣の條例規定あり。此原則は物品の所有權、其分量、其品質又は情況に關する請取證若くは貨物引換證上の事項にも適用せらる

貨物引換證に於ける普通用語の『適等の有樣に於て正に請取申候』とあるは單に物品又は荷造の外觀をのみ指すものなり

貨物引換證又は受取證面に『目錄品及び價額不明』若くは『重量不明』との文字ありたるときは別に其目錄品、價額又は重量の附記を爲すも是れ單に荷送人による記載たるに止まり運送業者に對しては何等の推定證據力を有せさるものなりとす

運送業者か物品を受取りし後貨物引換證を交付する場合に於ては引渡の當時又は引渡以前に一般に明示又は默示の運送契約の豫約存す。此種の豫約の項目は一部は慣習に屬し而て其豫約よりして次て貨物引換證を要する場合と然らざる場合とあり。運送業者の契約にもとづかさる種々の義務は物品引渡の時に生するものなりとす

貨物引換證と豫約及ひ契約にもとづかさる義務との關係を揭くれは左の如し

貨物引換證と豫約及ひ契約にもとづかさる義務との關係

一　豫約の爲めに特別の形式より成る貨物引換證を要する場合に於ては運送業者は此種の證書を交付すへき義務を有し荷送人之を受取るの義務を有し他種の證書を受取るへき義務なし。貨物引換證の交付に至るまでの當事者の權利義務は證書に於ける權利義務と一般なり。貨物引換證中の項目は豫約中に含

まる

二　明示の反對契約なくして貨物引換證を交付すへき慣習存する場合に於ては豫約は慣習上の形式を備ふる貨物引換證を要すへきものなりと解釋せらる

三　貨物引換證に就て何等の契約なき場合に於ては運送業者の何種の證書をも交付すべき義務なく荷送人も亦何種の證書をも受取るべき義務なきものなりとす

四　運送業者が其交付すべき義務ある貨物引換證を交付せざる場合に於ては荷送人は其物品を還付せしめ又は豫約に從ひ證書なくして之を運送せしむることを得

五　荷送人が適等の貨物引換證を受取ることを拒みたる場合に於ては運送業者は其物品を還付し又は豫約に從ひ之を運送することを得

六　荷送人が貨物引換證又は其他の運送契約證書を受取りたる場合に於ては其證書が豫約と相牴觸し而て交付せらるべき證書にあらざるにもせよ之れ

爲めに有効なる契約成立して當事者の權利義務一定すべきなり

貨物引換證又は受取證による契約は書面の契約と口頭契約との效力の關係に於ける普通規則の適用を受け而て法律が書面契約に附與する限界若くは附帶の約項が明かに表示せられたる場合に於ては契約の一部を成し口頭契約によ り變更せらるべきものにあらずといふ規則の適用を受くべきものなりとす

物品が普通の船荷證券により荷送せられ其物品は甲板上に積載して運送せられたり。凡そ普通の船荷證券は法律の附與せる默示の約項により物品の甲板上の積送を許さず。故に此場合に於て口頭契約により甲板積送を爲したりといふことを證明し以て船荷證券の約項の効力を奪ふことを能はざるなり

然りと雖も運送狀の如き他の書面契約が貨物引換證と同時に同事項に付き作成せられたる場合に於ては二個の者合して一個の契約を成立せしむといふ普通原則の適用を受け而て一の默示の法律上の約項は他の明示の約項に打破らるべきなり

諸種の契約特に商事上の契約と相容れ一致すべしと思考せらるべき慣習に關

する普通の規則は貨物引換證にも適用せらる。此種の慣習は貨物引換證の如き簡明なる證書に關しては特に必要なるものなりとす。夫故に別段明示の反對約項により除外せられざる限りは營業上確定せる慣習は貨物引換證に於ける契約の一部を成す

推貨、甲板運送、船長が積荷を賣却又は質入すべき權利、擲貨、海損、航海の失路其他船舶の堪航力等に關する諸規則は船荷證券中に含まれたる默示の約項なりとす

然りと雖も運送業者自身のみの慣習は荷送人の同意なくんば荷送人を拘束するの効力なきものなりとす

貨物引換證の讓約

貨物引換證により物品は通常證書面に記名の荷受人、其指圖人又は讓受人に引渡さるべきものなり。然りと雖も此の如く振出されしと否とに拘はらず貨物引換證は讓渡し得べきものなりとす

貨物引換證讓渡の適等なる方法は裏書及び證書の引渡是なり。證書の引渡は裏書又は讓渡の文字を特記せざるも引渡のみによりて讓渡の効力あるものなり

とす
凡そ貨物引換證は物品の表章若くは代表者なり。夫故に物品の所有權上の證書の引渡の効力は物品其物の占有の引渡の効力と同一なり
貨物引換證の所持人か證書の引渡に因り物品を賣却又は質入したる場合に於ては其買主又は質權者は物品其物の引渡を受けたると同一の權利を取得すへきなり
然りと雖も貨物引換證は流通證書にあらす(貨物引換證及ひ倉庫受取證は殆んと流通證書と同一の規則に支配せられ準流通證書なりと稱せらる)而て或方法に於て貨物引換證の占有を取得したる者は同一の方法に於て物品の占有を取得したる場合よりも優等なる權利を取得することを得さるなり
甲あり乙を欺き貨物引換證を讓渡さしめたる場合に於ては甲は單に物品に對して取消得へき權利を取得するのみ。乙は其讓渡を取消し運送業者より物品を請求することを得
若し甲か更に其詐欺により取得したる證書を丙に讓渡したる場合に於て丙

か價額上の善意の買主なりせは丙は乙よりも優等なる權利を有すへきなり然りと雖も丙か價額との善意の買主にあらさるときは然ることを得さるなり

若し甲か物品其物の占有を取得したるか如き方法に於て貨物引換證の占有を取得したる場合に於ては甲は取消得可き權利だも取得することを得さるへきなり。即ち甲か盜取、拾取、贋造裏書又は裏書すへき權利を有せさる乙の推定代理人の裏書により證書の占有を取得したる場合に於ては甲若くは其價額上の善意の買主は何等の權利を取得せさるものとす

受寄者か物品を賣却其他の方法を以て處分する場合に於ては受寄者は價額上の善意の買主に對しても自己の有する權利よりも優等なる權利を讓與することを得す而て寄託者又は所有者は買主より物品を取戻すことを得。此原則は貨物引換證の引渡による寄託にも適用せらる

然りと雖も引渡による貨物引換證の讓渡か物品上の或權利(例之完全なる所有權)を移轉すへき目的により書面を以て爲されたる場合に於ては讓渡人は善意

にて價額及ひ其讓渡により或行爲を爲せし當事者に對して明に移轉せられたる權利と相容れさる物品に關する或權利を認め又は之を請求することを得さるなり

凡そ財產の占有者は其所有者なりと推定せらるといふ原則は其裏書せられたると否とを問はす貨物引換證の占有者にも適用せらる

貨物引換證は流通證書にあらさるか故に訴權は讓渡すことを得すといふ原則は從來證書中に含まれたる契約に適用せられたり。契約上の權利は讓渡に因りて移轉せらるるものにあらす原受約者は證書面に於て運送業者に對し訴權を有する唯一の當事者なりと雖も讓受人は斯る訴權を有するものにあらす。此れと同一原則か他種の運送契約にも適用せらる。運送業者は讓受人に對して讓受人の物品所有權に對する契約にもとつかさる義務を負ふのみ其義務違反の救濟方法は私犯上の訴權によるへきものとす

然りと雖も英國に於ては特別規則により貨物引換證の讓受人は亦契約上の權利を取得すへきことを規定せり而て北米合衆國の或州に於ても亦同一の効果

日本商法に於ける運送狀及ひ貨物引換證

を生し得へき條例の規定あり。而て今日英米に於ては條例により一般に訴權は讓渡し得へきものとなるに至れり

貨物引換證は流通證書にあらさるか故に裏書人の責任又は支拂拒絕等に關する原則の適用を受けさるものとす

物品の賣主は買主に對して賣主又は銀行の指圖により支拂はるへき手形を振出し而て賣主又は銀行の指圖により物品を引渡され得へき貨物引換證を運送業者より取り置き此二個の證書か皆な賣主の指圖により振出されたるときは裏書を爲し手形は銀行に於て割引せらるるを通例とす。此の如くして銀行は手形の擔保として物品を保有す。手形か買主に示され期限に至り支拂はれたるときは貨物引換證は裏書せられて買主に引渡さる然らすんは銀行は物品を賣却し其證書を保有して利息を附す。銀行は此場合に於て質權者と同一の權利を有す

物品運送に關し運送狀及ひ貨物引換證に於ける日本商法の規定は左の如し

荷送人は運送人の請求に因り運送狀を交付することを要す

一　運送品の種類、重量又は容積及ひ其荷造の種類、個數並に記號
二　到達地
三　荷送人の氏名又は商號
四　運送狀の作成地及ひ其作成の年月日（商法第三百三十二條）
運送人は荷送人の請求に因り貨物引換證を交付することを要す
貨物引換證には左の事項を記載し運送人之に署名することを要す
一　前條（第三百三十二條）第二項第一號乃至第三號に掲けたる事項
二　荷送人の氏名又は商號
三　運送賃
四　貨物引換證の作成地及ひ其作成の年月日（商法第三百三十三條）
貨物引換證を作りたるときは運送に關する事項は運送人と所持人との間に於ては貨物引換證の定むる所に依る（商法第三百三十四條）
裏書に依りて貨物引換證を讓渡したるときは運送品の讓渡と同一の效力を有す（商法第三百三十五條）

貨物引換證を作りたる場合に於ては之と引換に非されは運送品の引渡を請求することを得す(商法第三百四十四條)

三　傭船契約證

傭船契約證

傭船契約證は固と羅甸語にて Carta partita と稱し昔時一枚の羊皮紙に數個の契約證を記載し之を割切して使用したるか如し

傭船契約證とは書面による一種の運送契約にして此契約により傭船者は船舶の全部又は一部を貸借するなり傭船契約は傭船者をして船舶の占有を取得せしめ又は單に船舶の使用を爲さしむる一種の船舶の賃貸借契約なりとす

傭船契約に於て傭船者か船舶の占有を取得する場合に於ては傭船者は傭船者たるの間は船舶所有者の場屋に出入し船長及ひ船員を自己の使用人と爲し第三者の物品を運送する場合に於ては第三者に對して運送業者たるの責任を負ふへく船舶所有者は第三者に對して何等の責任なきものなりとす

傭船契約に於て船舶の占有は依然所有者の手中に存し單に傭船者の物品を運送すへき旨を契約したる場合に於ては所有者は傭船者に對して運送業者たる

の責任を負ふへきなり
右の二者は傭船契約證中に表示せられたる當事者の意思に因り決せらるへきものなりとす
日本商法は第五百九十條に於て船舶の全部又は一部を以て運送契約の目的と爲したるときは各當事者は相手方の請求に因り運送契約書を交付することを要すと規定せり。此規定に於ける運送契約書とは傭船契約證のことを指すものなり

第六章　運送業者に對する物品の引渡

The delivery of the goods to the carrier.

運送業者の義務の開始

本章は物品運送の場合にして運送業者の義務の最大部分は物品か運送業者に引渡されたる時に初まる
物品運送の場合に於ては物品は直に運送せられんか爲めに運送業者に引渡されさることを得す。荷送人に於ては物品の直に運送せらるへきを防止することを

を得若し之を防止したる場合に於ては物品か直に運送せらるへきに至るまて運送業者は受寄者又は倉庫營業者として物品を保管するに止まり未た運送業者たる責任を其物品に對して有せさるなり

運送業者か荷送人の指圖に從ひ物品を受取りて之を保管し又は後日の指圖により若くは或事件發生の時に至り初て運送に着手せん爲め物品を受取り之を保管したる場合に於ては運送業者は其發送すへき指圖を受け又は事件發生の時に至るまては倉庫營業者として其物品の保管を爲すに止まるものなりとす。何となれは此場合に於て荷送人か物品を運送業者に引渡しなから直に發送せらるへきを防止したれはなり

鐵道會社か直に發送せらるへき物品を受取り之を貨車に積載したり然るに列車の將に發せんとするに臨み荷送人か該物品を賣却したるか爲め買主と面會取引するまて其發送を猶豫せんことを會社に請求したり是に於て會社は其指圖により該物品を卸して之を保管したり。然るに其保管中に該物品か失火により燒失したり。此場合に於ても荷送人か運送品の發送を防止し會社

引渡

か倉庫營業者として之を保管せるを以て會社は運送業者たるの責任を負ふへきものにはあらさるなり

引渡は單獨行爲にあらす承諾を要する雙方行爲なり。承諾なくんは其行爲は提供に過きす。引渡を爲す者は物品の占有を移さんとするの意思を有し引渡を受くる者は其占有を得んとするの意思即ち承諾を爲さゝることを得す。然りと雖も其承諾は必ならすしも明示せられさるへからさるにあらす默示にても可なり

荷送人か物品を運送業者に囑せすして單に運送業者の出發すへき場屋内に置き去るか如きは完全なる引渡にはあらさるなり。又運送業者に通知を爲さすして物品を運送業者の貨車に置き去るか如きも亦完全なる引渡といふへからさるなり

物品所有者か前以て其所有品を荷送せんとするの意思を運送賃取扱人に通知し而て之に運送賃を拂ひ置きたり。後に至り物品所有者か物品を停車場に送り該物品は「プラットフォーム」の上に置かれ貨物係長之を認めたるも運送

引渡の完了

取扱人には何等の通知を爲さゝりき此場合に於ても完全なる引渡なきなり引渡は荷送人と運送業者との間に完全に爲されさることを得す即ち物品の占有か荷送人の手より全然離脱せられ運送業者の手に移されさることを得す引渡完了せは分離せる部分占有存せす又た責任の分離せられたるものもなきなり

引渡は左の如くにして完了す

一　運送業者か運送品を受取りたること

二　荷送人か引渡を爲すに要する總ての行爲を爲し盡くしたること

引渡を爲すに物品か必ならすしも事實上運送業者の船舶、車輛に積載せらるゝことを要せす又事實上運送業者の倉庫又は停車場に置かるゝことを要せさるなり

人あり物品を鐵道停車場に曳行くの煩を避けんか爲め列車の車長と約し物品を線路の側なる或場所に置き列車此處に至らは止まりて之を車中に積込ましめんとせり然るに車長は此約に反して物品の置きある場所に列車を止

めさりき。此場合に於ては完全なる引渡なきなり
一般に引渡は運送業者か物品の積載を初むるや否や直に完了す
倉庫に於て物品の引渡を爲す場合に於ては倉庫に揚卸機械附着せしめらるるや否や直に引渡完了す
運送品を積載するは運送業者の爲すへき職務なり。荷送人か運送業者の爲めに之を積載し又は其積載を帮助することあるも物品か引渡されたりと推定せらるへきものなり
船舶に依り運送せらるへき物品は船舶、埠頭、海岸、倉庫又は船舶に運はるへき貨船に於て受取らる
引渡には物品の受取證を交付することを要せす又運賃表若くは運送品表中に其物品を記入することを要せさるなり
當事者は物品か特別なる方法により引渡さるへきことを合意することを得。此の如き方法に於て引渡されたるときは承諾せられたるものと看做さるへきなり。此種の合意は普通の營業取引中に暗默に行はるゝものなり。此種の引渡を或

は推定的引渡 Constructive delivery と謂ふ。然りと雖も推定的引渡の原則は其適用に當ては頗る注意を要するものなり

鐵道會社か其線路に沿ひ綿糸荷送の揚卸所を設け其營業中荷送人か此所に綿糸を積めは次の列車にて之を運送すへしとの契約成りしものとあり。然るに人あり其所定の揚卸所に綿糸を積みたるにも拘はらす列車か此所に停まらすして過き行けり而て其後此所にて失火の爲め綿糸燒失したり。此場合に於ては綿糸の引渡完了したるを以て會社か運送業者として責任を負ふへきものなりとす

運送業者によりてのみ使用せらるゝところの私設埠頭に於ける物品の引渡は別段運送業者の使用人に何等の通知を爲さゝるも完了すとの慣習長く行はれ居る場合に於ては此方法にて完全の引渡を爲し得へきなり

人あり其荷物に自已の名及ひ指定先を適宜に明記し翌朝第一番列車にて之を發送せしめんか爲めに夜間執務中の鐵道停車場に之を送遣りたり。時に會社の使用人は外にありて食事中なりしか貨車夫は何時も常に爲すか如く又

第一番列車の旅客に對する慣習として別段之を使用人に通知せすして該荷物を待合室に置きたり。此の如きは完全なる物品の引渡ありたるものと謂ふへきなり

別段通知を爲さすして船舶に貨物を引渡の慣習ある場合に於て之れと同方法に於て運送賃の引渡を爲すも正當にはあらさるなり

物品の所有者か物品の占有を保有しなから物品の運送に供ひ行く場合に於ては完全なる物品の引渡なきか故に運送業者は營業者たる資格を離れ運送人として運送委託事務の受任者たる責任を有するに過きすして運送業者たるの責任なきなり。此の如き場合に於て所有者か常に占有者なりや否やは疑問の存するところにして學説及ひ判決例區區として一致せさる所なり

此種の疑問は渡船中に船客の持入る物品又は滊船中の船客の手荷物に關して屢〻起るところなりとす

鐵道會社の使用人か旅客と共に旅客の荷物を運送することあるも必ならすしも運送業者の荷物に於ける占有又は責任を奪ふものにはあらさるなり

旅客か汽車中に外套を脱き之を座右に置き忘れ為めに盗取せられたりとい
ふか如き場合に於て鐵道會社は之に對して何等の責任なきものなりとす
引渡か運送業者の代理人に對して為さるゝ場合に於て其引渡の有効なる為め
には其代理人は運送業者より物品の引渡を受くへき權限を附與せられたる正
當代理人たることを要す

局署に在らさる旅客車の馭者に小包物を引渡したる場合に於ては馭者は之
を受取るへき權限を實際有せさる者なるか故に其引渡は完全有效のものに
あらさるなり

然りと雖も運送業者か物品を受取るへき或特定の場所を有する場合に於ては
物品受取の權限を有する者を此場所に派し置くへきものなりとす。而して此場
所に於て事實上物品を受取る者は運送業者の代理人たる物品受取の正當なる
權限を有するものと看做さるへきなり。事實上權限を有する者又は運送業者に
より其場所に派せられたる者か更に他人を撰ひ之に物品を受取らしめたる場
合に於ては運送業者の指圖に反するものなりと雖も荷送人か善意にて引渡を

爲せしときは運送業者は其引渡によりて拘束せらる

人あり鐵道會社の停車場に荷物を持行きたる貨物室の閉鎖しおりし爲め已むことを得す該室の近傍なる停車場中に之を置き切符賣下口に至り切符掛に此旨を報し切符掛は之を首肯して引受けたりとせよ。然れとも其人か貨物係長を探したりや否やは明かならす。此場合に爭訟起り引渡に關する疑問を陪審官の鑑定に一任したり

予か荷車屋に命し物品を予の家まで荷車にて運はしめんとする場合に於て其命に從ひ該荷車屋の荷車を引き來る者に物品を引渡さは其引渡は有効にして完全なりと推定すへきなり。然りと雖も荷車屋は其車夫なりと稱して至り物品を受取りし者は全く其使用人たる權限なきものなりといふことを證明することを妨けす。若荷車屋か荷車と共に其使用人を派し使用人か亦自己の友人をして代はらしめたる場合に於ては予か此者を使用人なりと信して物品を引渡せは其引渡は有効にして運送業者を拘束すへきなり

旅客車か其局署にあらさる場所に於て小包物を受取らんか爲めに停車する

慣習ある場合に於ては局署外の其場所に於ける馭者への引渡は有効にして運送業者を拘束す

第七章　運送行爲に關する運送業者の義務

運送行爲の開始及ひ遂行

運送業者か荷送人より完全にして有効なる引渡を受けたる場合に於ては運送業者は相當なる注意を以て及ぶ限り速に運送行爲を初め而て之を遂行することを要す。然りと雖も運送業者は自己の過失懈怠にもとつかさる運送行爲の猶豫延期に付ては責任を負はさるものなりとす

運送の猶豫責任

異常にして理由を説明する能はさる不分明の猶豫延期は過失と看做すへき有力の證據なり。然りと雖も輕微なる猶豫は過失と看做さるへき證據力を有せさるなり

運送業者か其速に運送すること能はさるを知りなから荷送人に此旨を通知せすして物品の引渡を受けたる場合に於ては自己の過失懈怠に出てすと雖も其

猶豫に付き責任を負ふへきものなりとす。然りと雖も運送業者か物品を受取るの際其發送の猶豫さるへき旨を荷送人に告けたるにも拘はらす尙ほ荷送人か運送を望みたる場合に於ては運送業者は其猶豫に付き責任を負はさるものとす

運送業者の使用人か同盟罷工を爲したるか爲め運送の猶豫を來たしたる場合と雖も運送業者は其猶豫に付き責任を免るゝことを得す。何となれは運送業者は營業上適等なる使用人を有すへきものなれはなり。然りと雖も暴徒ありて腕力を用て運送を妨害したる場合に於ては假令其暴徒か運送業者の使用人より成れるにもせよ運送業者は運送の猶豫に付き責任を負ふへきものにあらさるなり

運送業者か或期間内に絶對的に運送及ひ引渡を爲すへき旨を契約したる場合に於ては其原因の如何を問はす契約期間を超えたるときは運送業者は其猶豫に付き責任を負ふへきものなりとす

運送業者か速に運送を初め得へき範圍を超えて多數の物品を引受けたる場合

に於ては一般に其引受けし順序に應して順次に發送すへきものなりとす。然りと雖も相當の理由と原因とあらは此順序を變更することを妨けさるなり

腐敗又は破壞し易き物品又は或大なる公衆の危難不幸より遭難者の急を救はんか爲めに發送せらるへき物品の如きは運送業者は其引受けし順序の如何を問はす此種の物品を先つ直ちに發送すへきものなりとす

運送業者か一旦物品を受取りたる後其發送を猶豫せさるへからさる已むことを得さるの事情に遭遇したる場合に於ては運送業者は運送賃の全額の支拂を受くることなくして物品を荷送人に還附し又は之を荷受人に引渡すことを要せさるなり。此場合に於て運送業者は之を發送し得るに至るまて少くも相當期間は之を保管することを得

運送業者か不適等に物品の發送を猶豫したる場合に於ては運送業者は其物品を回收轉用したるものなりといふことを得す。從て荷受人は其物品を受取ることを拒むことを得す又た運送業者は其物品の價額に對して責任を負ふへき限りにあらさるなり

特別なる方法による運送

荷送人か或特別なる通路に依り物品を運送せんことを求め又は或特別なる方法に於て運送せられ若くは取扱はれんことを求めたる場合に於ては若其請求か不當不理なるときは運送業者は其物品の運送を引受くへきことを要せす然りと雖も一旦運送業者か之を引受けたる場合に於ては其請求通り之を遂行すへきものなりとす

物品の外包などに「コワレモノ氣ヲツケヨ」と記し又は「此方ヲ上ニ向ケヨ」と記したるか如きは特別なる方法に於て取扱はれんことを運送業者に請求する指圖なり

運送業者か契約したる特別なる方法指圖により運送することを能はさるを發見したる場合に於ては運送業者は一般に其物品を保管し荷送人に對して更に指圖を乞ふへきものなりとす

右の場合に於て荷送人か何等の指圖をも與へさる場合又は初めより何等特別の指圖の存せさる場合に於ては運送業者は普通慣用の方法に於て之を運送すへきものなりとす

運送品の權利者は運送の終了前に於ては何時にても運送品の指定地を變更し又は運送業者より之を返還せしむることを妨けす。但其變更若くは返還の爲めに運送業者に不相當なる不便を與ふるか如き場合ならさることを得す。而て運送業者か原運送を遂行することを得へくして又た之を遂行せんことを欲したる場合に於ては運送業者は其變更により既に受取りたる運送賃又は運送賃の擔保權の一部たりとも失ふものにはあらさるなり。其變更を請求する者は之に因り生したる費用の全部を支拂ふへきものなりとす。荷受人は常に物品の占有に付き權利を有する者と看做さる

右運送の變更又は運送品の返還に關する日本商法の規定は左の如し

荷送人又は貨物引換證の所持人は運送人に對し運送の中止、運送品の返還其他の處分を請求することを得此場合に於ては運送人は既に爲したる運送の割合に應する運送賃、立替金及ひ其處分に因りて生したる費用の辨濟を請求することを得(商法第三百四十二條第一項)

水路に依る運送業者は安全に航海を爲すに堪ふへき船舶を備ふへき絶對的の

義務あり。故に水路に依る運送業者は其船舶か安全に航海を爲すに堪ふへきことを擔保すへきものなり

日本商法に於ては第五百九十一條に於て船舶所有者は傭船者又は荷送人に對し發航の當時船舶か安全に航海を爲すに堪ふることを擔保すと規定せり

『安全に航海を爲すに堪ふへきこと』といふ擔保は普通の船荷證券中に默示せられたる約項なり

『安全に航海を爲すに堪ふへきこと』といふ特別の點に關して種々なる條例規則の規定あり。一個の船舶には如何なる端舟を幾隻用意すへきや等の事をも規定するあり。近來の英國に於ける條例の規定によれは各船舶には皆な一條の線を畫くへき此線か水中に沒せさる限りは物品を積載することを得へしとあり。此線は「プリムソール」線 Plimsoll's line. と稱す。「プリムソール」とは此規定の法案を提出せし下院議員の名なり

「プリムソール」線

運送業者は直接に運送に要する裝置設備の全部か盡く皆な其目的に適ひ安全にして且つ使用に適すへき情態にありといふことを相當の注意を以て檢視す

運送の裝置設備

へき義務あり。此義務中には運送業者か時々適等の時間を隔てゝ之れか撿視を爲すへき義務をも含むものなりとす

運送に要すへき裝置設備(陸上の運送業者にあつては其車輛の如き)に關して運送業者は單に古來今日に至るまて繼續して之を用ゐ來りしといふの故を以て優等なる裝置か一般に使用せらるゝに至りしにもかゝはらす劣等なる裝置を依然として使用するか如きことを爲すへからす。然りと雖も新發明の裝置を一時に盡く用ゐさるへからさるにはあらす同業者間に一般に用ゐらるゝに至りし裝置にて可なり。尙裝置の問題に關しては旅客運送の章に於て論せんと欲す

物品を鐵道にて運送するに當り同一列車中の他の貨車に頗る可燃性の油液を積載せり。偶〻油液に火移りたり時に列車の鏈鎖に不都合の點ありし爲め油液を積載したる貨車を分離する能はすして火は漸く他の貨車に燃移り遂に該物品を燒失せしめたり。此場合に於て會社は鏈鎖の裝置に關して過失の責任あり

鐵道會社か或特別なる貨車にて運送せらるへきことを要する物品を受取り而

て其物品は特別なる貨車にて運送せらるゝを常とせる場合に於ては此種の特別貨車を備付けをくことを要す。例之家畜を運送すへき家畜車の如き是なり。併しなから此原則に反對の判決例も存することゝ知るへし

装置缺點の責任

荷送人か運送業者の装置に缺點ありといふことを知りたりと云ふ事實あるも之れか爲めに運送業者は其缺點に對する責を免るゝことを得さるなり。然りと雖も完全なる船車と缺點ある不完全の船車とありて荷送人か之を撰ひ得る場合に充分其情態を知りなから隨意に不完全なる船車を撰ひ物品の運送を託せし場合に於ては運送業者は其不完全なる船車の缺點に付き責任を免るへきものなりとす

運送品の推積

運送業者は相當の注意を用ゐて物品を適當に推積すへき義務あり。不良の推積に付ては運送業者の使用人之を爲し又は其指圖を受けたる者か之を爲したるにもせよ運送業者は其責に任せさることを得す

當事者は貨物引換證に於て物品推積の方法を特約することを得

船舶により運送せらるゝ物品は船艙に推積せらるへく甲板上に推積せられさ

るを一般の原則とす

然りと雖も此原則は海上航海の船舶にのみに適用せられ河湖の小蒸瀛船には適用せられさるへしと信す

さりながら甲板上に於て或種類の物品を限り運送するを得へきことも亦法律の認むるところなりとす

船舶の船艙内に推積すれは却て損害を受くへき物品若くは或る理由により船艙内に推積するに不適等なる物品の如きは甲板又は船艙以外の或他の場所に於て運送せらるへきものなりとす

溶解し易き若くは可燃性の油液其他の液體の如きは甲板上に推積する方寧ろ他の物品に害を及ほすこと少くして且つ失火の場合の如きは容易に海中に擲棄することを得へきなり

生ける動物の如きは甲板上に置かるゝこと常なり是れ却て動物の健康に適し且つ張番等にも便なれはなり

運送品の保護及ひ保存

運送業者は相當の注意を用て物品の性質及ひ情況により物品の保護及ひ保存

を爲すへきものなりとす
偶〻物品か濕濡したる場合に於ては運送業者は之を卸して乾燥せしむへきの義務あり
「ブランデー」等の酒樽を運送するに當り其漏脱するか如きことあらは之を防止せさるへからす若し之を防止せすして遂に酒樽か多量の減却を來すか如きことあらは運送業者は過失の責任を免るゝことを得さるなり
接續線の運送業者より乾酪を積載せる貨車を受取りたる場合に其貨車を封印の儘にて受取りしといふ事實を以て之れか保存に必要なる氷塊を貨車中に置かさりし責任を免るゝことを得す
動物の如きは必要ある場合には運送業者は之に食物を供し水飼ひ又は運動をも爲さしむへきものなりとす
運送業者は引渡を受けたる物品の性質を知得することを要せす之を知得せさる場合に於ては其物品の外觀か運送に適せるや否やを注意して之を取扱ふへき義務あるのみ

失路

「ナイトログリセリン」を運送するに當り其荷包の外觀より其中味か「ナイトログリセリン」なることを知らす亦其外觀か何等の危險なることを指示せさる場合に於ては運送業者か實際非常に危險なる取扱を爲すも之れか爲めに責任を負ふへきものにあらす

運送品か運送業者の手に於て損害を受るも運送業者は之を修復すへきの義務なきなり。運送業者は損害を防止すへき程度に於てのみ其責任を負ふへきものなりとす

運送業者は其船舶を航行せしめ又は其車輪其他の裝置を取扱ひ若くは使用するには相當なる注意を要し並に相當なる熟練を要すへきものなりとす

船舶の航海に關しては特別なる規則あり一般に之を船舶航海規則と稱す。英國に於ては一千八百七十三年に商船航海規則なるものあり。是等の規則の違反は過失懈怠の證據と看做さる

運送業者は一般に眞直に普通の通路若くは數多の普通の通路中の一線により指定地まて運送を遂行すへきものなり。此通路を離るゝは之を失路 Deviation と

稱し運送業者は義務違背の責任あり。一般に失路の場合に於ては船舶若くは貨物の海上保險契約を無效とす。然りと雖も已むことを得さる失路は其責任を解除せらる

船舶か敵人海賊の捕獲を免かれんか爲め、暴風雨を避けんか爲め、食料を用意せんか爲め又は修繕を要すへき等相當の理由と必要ある場合に於ては普通の通路外に出つるも差遣なきものなりとす

運送を遂行するに困難なる場合

危難に際會し人命を救はんか爲めに通路を變することは妨けさるも單に運送品の被害を避けんか爲めのみに通路を變することを得す

運送業者か運送を遂行することを防止せられたる場合に於ては運送業者は運送品を他の運送業者に移して之を運送せしむることを得。然りと雖も尙ほ運送を遂行することを得るに至るへき相當の望みあらは其目的の爲めに相當期間内は物品を留保することを得

右に述へたる後者の場合に於て運送業者か尙ほ運送を遂行することを得る場合に於ては其目的の爲めに相當期間内其物品を留保すへき義務ありや否やは

英國に於ては疑問として決せさる所なりと雖も米國に於ては之を運送業者の義務なりと決せり

然りと雖も水路による運送業者か運送を遂行する能はさるか爲め陸路によりて運送を遂行すへきの義務はなきなり

右の點に關しては歐洲各國の法律の規定區々にして一ならす

或場合に於ては運送業者は運送品を賣却することをも妨けさるなり。然りと雖も是れ實に萬已むことを得さる必要の存する場合ならさることを得す。如何となれは運送賃は運送を遂行せんか爲めに支拂はれたるものなり而て運送品は運送せられんか爲めに託せられたるものにして其他の處分に遇ふへき性質のものにはあらさるなり

運送業者か運送品を處分するに當りては實際上運送品の所有者に一々通知すると頗る困難にして爲す能はさるへし

運送業者か運送行爲を爲すに際してはすべて善意にて且注意と謹愼とを以て事に當らさることを得す

運送業者か不適當に運送品を賣却したる場合に於ては運送業者は運送品の回收轉用の責を免るゝことを得す而て其賣買は無效なりとす

第八章　運送品に對する運送業者の責任

The Carrier's responsibility for the goods

運送業者は運送の爲め物品の引渡を受けたる時より運送を終了するに至るまでの間(運送遂行中に運送品を保管する時間をも含む)は運送品の保險者なり。運送業者は自己の過失なき場合と雖も運送品の滅失又は毀損に付き責任を負ふへきものなりとす

運送業者か强竊盜の難、暴徒の難、失火、破船、衝突、封鎖又は停船等の爲め運送品を滅失若くは毀損せしめたる場合と雖も之に對する責任を免るることを得さるなり

無效なる法律上の手續により運送品を持去られ又は甲の運送品に執行手續を爲すへきにも拘はらす錯誤により乙の運送品に之を爲して持去られたる

場合と雖も運送業者は其責を免るることを得す。何となれは是等の無效手續又は錯誤により運送品を持去らるるか如きは盜難に遭遇せしと一般にして運送業者は之を拒むことを得又之を拒むへきものなりとす

責任の除外

右は運送品に對する運送業者の責任の原則なり。此原則は頗る嚴酷なるものにして之に對して三個の例外あり

一　慣習法に因る例外
二　條例に因る例外
三　契約に因る例外

慣習法に因る例外

一　慣習法に因る例外

運送品か『不可抗力』The act of God に因り滅失又は毀損したる場合に於ては運送業者は其責を免るるものなりとす

不可抗力の意義

『不可抗力』とは其意義頗る漠然として實は正確ならす。然りと雖も不可抗力とは人力の得て及ぶ能はさる自然力の原因より生する働なりといふことは多數の判決例及ひ學說の一致するところなり

此意義に從へは『不可抗力』とは人力の得て豫見若くは豫防し能はさる自然力の異常にして且つ激甚なる働を云ふ然りと雖も或判決例及ひ學説によれは『不可抗力』とは必ならすしも異常にして且つ激甚なる自然力の働たることを要せす通常なる自然力の作用なりと雖も一般に人力の避くへからさる偶然の出來事なりせは之を『不可抗力』と稱することを妨けすと併し此意義は多數の採用せさる所なり

例へは地震及閃電の如きは不可抗力なり然りと雖も海上に於ける普通の雨、不良の天氣若くは霜の如きは通常あり得へき事にして敢て不可抗力と稱することを得す。

非常の暴風雨、不意にして且つ異常なる雪霜若くは洪水の如きは其事變の起る以前に於て之を豫知し得たるにもせよ不可抗力たるを妨けさるなり

航海者間に知得せられ居らさる巖石に打當てられ破船したるか如き場合は不可抗力の致すところなり然りと雖も波浪中に隱れある巖礁に打たれ破船したるか如き場合は是れ不可抗力に出てたるにはあらす航海を爲すに當り

人力の致せしところなれはなり

或船舶か海岸に沿ひ微風に帆を揚けて走り居たり若微風か依然と引續き吹き居りしならは其船舶は安全なりしなるへきに偶然微風罷みたるか爲め船舶は遂に陸に打上けられたり是れ不可抗力の致す所なりとの判決ありたり

此事件に於て一判官之に反對して云く此の如き情況の下に於て海岸に沿ひ帆を揚けて船舶を走らしむるか如きは固と不注意にして且つ過失の責任あるものにして微風罷みたりといふの故を以て不可抗力と稱すへからさるなりと

載貨を撥棄するは不可抗力に因る運送品の滅失なりと判決例にあり何となれは撥棄は人の行爲なりと雖も其行爲は危難の原因にあらすして危難を免れんか爲めに爲されたるものなれはなり

偶然に出てたりと雖も船舶の衝突は不可抗力にあらす

偶然の死亡若くは疾病の如きは不可抗力なりと看做さる

運送業者は敵人の行爲に因り直接に生せしめられたる運送品の滅失又は毀損

敵人の意義

荷送人に過失ある場合

に對して責任を有せす

『敵人』とは運送業者所屬の政府に對する戰爭(內亂を含む)に出陣する人を謂ふ。此意義に於ける戰爭とは敢て宣戰の形式あることを要せす事實上戰爭行爲の起るあれは足れり。海賊は一般人類の敵 Hostes humani generis なりと稱せられ法律上敵人と看做さる

運送業者は有效なる法律上の手續により持去られたる運送品に對しては責任を免るるものなりとす

運送業者は荷送人の過失にもとつく運送品の滅失又は毀損に對しては責任を負はさるものなりとす。但運送品の滅失又は毀損を來たすへき危險明かにして運送業者か之れか運送を拒み得へかりし場合には其責任を免るることを得さるなり

運送品の荷送の不良、指定屆先の錯誤、荷送人か運送品の性質を詐りたるにより又は之を陰蔽したるにより運送業者か必要なる注意を缺き爲めに運送品の滅失を來したるか如き場合に於ては運送業者は之れか責任を負はさるも

のなりとす

運送品固有の性質

運送業者は運送品固有の性質より生したる滅失又は毀損に對しては責任を負はす

生ける動物に付ては運送業者は其性質若くは傾向より生すへき死亡又は被害に付ては責任を負はす。運送業者の過失に因らさる動物の死亡若くは疾病も亦然り

二　條例に因る例外

條例に因る例外

英國に於ては一千八百三十年發布の運送業者規則及ひ其他の條例により運送業者は或種類の運送品に限り慣習法上の嚴なる責任より除外せらる

特殊の物品

或種類の物品とは如何。特に高價若しくは脆弱の物品にして價額十ポンド以上なるときは荷送の當時其の種類及ひ價額を運送業者に明告せられさる場合に於ては運送業者は其運送品に對する責任を免る。而て運送業者か請求する場合に於ては增加運送賃か支拂はれ又は契約せらるへきなり。斯る場合に於て運送業者は增加運送賃の割合を公示せさることを得す而て若しも請求せられたる

ときは運送品の受取證及ひ增加運送賃の受取證を交付すへきことを要するなり

此規則の規定に從へは運送業者は過失に因り運送品の滅失又は毀損を來したる場合と雖も責任を負はす。然りと雖も運送業者は其故意に出てたる不法行爲に因り運送品の滅失又は毀損を來さしめたる場合に於ては其責任を免るることを得す

北米合衆國に於ても條例の下に於て海上の運送業者に對して右英國に於ける規則に酷似せる規定を設く。而て多數の場合に於て條例の下に海上の運送業者は船舶に於ける利益の價額及ひ運送賃の限度に於て運送品に對する責任を有すと制限せらる而て其利益を拋棄したる場合に於ては其責任を免るることを得せしむ

其他米國の或洲に於ては內地運送業者に關する責任制限の條例規則の存するものあり

要するに條例により慣習法上の運送業者の責任を除外制限せしは其嚴にして

過重なる慣習法上の責任を和らけんか爲めなり

契約に因る例外

三　契約に因る例外

運送業者は荷送人の同意を得すして單に自己の行爲に因り其責任を制限することを得す

運送業者か運送を遂行すへき項目を荷送人に通知したるのみにては荷送人か之を知りたる場合と雖も何等の効力を生せさるものなりとす。然りと雖も其通知は荷送人と運送業者との間に於ける契約の存在及ひ約項の證據となるへきものなりとす

運送の手續規則

運送業者は其營業を行ふに必要なる相當の手續規則を定むへき權利を有す。荷送人か其手續規則に服せさるときは運送業者は運送品の運送を拒むことを得。然れとも此場合に其運送を爲して運送品に對する責任を負ふことを妨けさるなり。凡そ規則の違背より生せられたる運送品の滅失又は毀損に對しては運送業者は責任を有せさるものなりとす

然りと雖も、運送業者の定めたる手續規則は運送品荷送の當時荷送人に通知せ

られ荷送人か之を知り居たることを要す然らすんは荷送人は其手續規則に拘束せられさるものとす

運送業者は自ら定めたる運送に關する手續規則を廢棄することを妨けす。而て其手續規則を破りて申出されたる運送品を隨意に且つ其情を知りつつ引受けたりといふの事實あらは其事情は手續規則を自ら廢棄せし證據となるへきものなり

通常運送に關する手續規則は左の如きを例とす

（イ）或一定の價額以上の運送品は其價額を示めすへきこと而て增加運送賃を支拂ふへきこと

（ロ）或種類の物品の運送を拒絕すること

（ハ）或種類の物品は或特種の荷送を要すへきこと

（ニ）運送の引渡を爲せしときは受取らるへきこと

自己の責任除外の契約

運送業者は荷送人との契約に因り自己の責任を制限することを得

運送業者か運送品に對する自己の過失に因り生せし責任を制限するの契約を

爲すことを得るや否やの問題に關し述ふるとするあらんとす或地方に於ては運送業者か自己の過失に出てたる責任と雖も契約を以て制限することを得へきを認む。然りと雖も此種の契約は運送業者に對しては嚴格に解釋せらるへきものとす而て此種の契約は契約書に於て明亮なる文字を以て其制限を特記せられすんは無效なり單に概括的の漠然たる言語文字を以て特約するも制限の效力なし例之『運送業者は其原因の如何を問はず運送品の滅失又は毀損に付き責任を有せす』と特約し若くは『運送品はすべて所有者の危險負擔に於て運送せらるへきことを約す』と特約するか如きは極て概括的なる文字にして責任制限の效力を生せさるものとす

英國裁判所に於ては『凡ての責任より除外せらる』といふか如き責任除外の概括的文字中には過失懈怠の場合の責任をも除外せらるへきことを含むものなりと決せり。條例の規定によれは責任除外の契約は正當の理由あるへきことを要す而て右の如き概括的責任除外の如きは正當なる理由を有するものと認むることを決せり

或地方に於ては輕微なる過失若くは通常なる過失に因り生する責任に付ては運送業者は之を制限除外する契約を爲すことを得せしむるも重大なる過失又は故意に出てたる錯誤に因り生する責任に付ては除外制限の契約を爲すことを許さす

或地方に於ては公の秩序に關するの故を以て運送業者か自己の過失に因り生する責任を除外するの契約を爲すことを許さす

運送業者は運送品を載積するために使用せる自己の使用人を荷送人の使用人と看做すといふの特約を爲し以て自己の使用人の行爲に付き責任を避くることを得す

北米合衆國の或洲に於ては運送業者は自己の過失又は懈怠に因り生する責任に對して何等制限除外の契約を爲すことを得すと條例を以て之を規定するものあり

英國に於ては一千八百三十年發布の運送人規則及ひ一千八百五十四年發布の鐵道及運河規則により陸上及ひ運河による運送業者は自己若くは其使用人の

重罪に對し責任を有せすといふか如き契約を爲すことを得す。而て運送業者の責任を制限する契約はすべて正當の理由あるものならさることを得すと規定せり

英米共に何つれの地に於ても或一定の價額以上の運送品は其價額か運送業者に明に告知せられさる場合に於ては運送業者は其一定の價額以上は責任なしと特約することを妨けす。或一定の價額以上の運送品の價額か告知せられたる場合に於ては運送業者は增加運送賃を請求することを得

運送業者は契約を以て或一定の期間內に運送品の滅失に對する請求を爲すへき旨を約することを得、然りと雖も此契約により出訴の期限を制限するにはあらさるなり

運送業者は慣習法上の責任を變更すへき契約を結はんことを荷送人に請求すへき權利を有せさるなり。然りと雖も此種の責任の變更を含むところの慣習上の貨物引換證か交付せらるゝ場合は此限りにあらす

運送業者か運送の爲め物品を受取ることを承諾したりといふことは運送業者

の責任を制限する契約に對する充分の約因にはあらす何となれは運送業者は運送品を受取るの義務あれはなり。責任制限の契約をして有効ならしむる爲めには運送業者か低廉なる運送賃にて運送を遂行するきことを合意したりといふか如き約因の存することを要す。乍併今日に於ては運送業者の責任制限の契約の存する場合には常に低廉なる運送賃の合意せられたるものと一般に看做さるるなり

運送契約の結はるゝ後に至るまて運送業者の責任制限の契約か爲されさるときは低廉なる運送賃の割合若くは運送契約中に含まれたる荷送人の利益となるへき特約の如きは責任制限の契約を有効ならしむへき約因にあらす必ならすや別段に新らしき獨立せる約因の表示せられたるものあることを要するなり

運送業者の責任制限の契約は必ならすしも書面を以てすへきことを要せす。然りと雖も英國に於ては一千八百五十四年發布の鐵道及ひ運荷規則により一千八百三十年の運送人規則中に特に規定ある場合の外は一般に此種の契約は明

示の場合に於ては書面を要し且ッ荷送人の署名なかるへからすと規定せり。併し此規則は鐵道及ひ運河會社のみに適用せらるるものなりとす

船舶運送による運送品の取扱人は運送業者の責任を制限する普通の契約に同意すへき權利を有す而て運送業者か事實上其契約なかりせは運送品の運送を拒む場合に於ては其契約か相當なる者たる以上は之に同意すへき權利をも有するものとす

運送品を運送の爲め受取るへき權利を有する運送業者の代理人は一般に運送業者の慣習法上の責任を超越したる運送契約少くとも相當なる契約により善意の第三者に對して本人たる運送業者を拘束すへき權利を默示的に有するものとす

昔時英國に於ては運送業者か運送品を引受くへき約項を通知し而て荷送人か運送契約の當時其通知を受け之を知得して拒まさりし場合に於ては其通知は其約項により運送すへしとの契約と同一の效力を有し又は契約の證據と看做されたり

一千八百三十年發布の運送人規則によれは特に規定せられたる特種の物品(最も多くの場合に於て小量にして高價なる物品)を除くの外は運送業者は公の通知により其責任を除外制限することを得す唯明示の契約に因り責任を制限し得るのみ。此規則によれは特に荷送人に爲されたる通知は明示の契約と同一の效力を有す。此場合に於ては運送業者は其約項を記したる一種の切符を荷送人に引渡すを通例とす

北米合衆國に於ては荷送人の知得したる通知は必ならすしも契約なりといふことを認めす併し契約の證據たるへきものなりと認む

荷送人若くは旅客か運送業者の責任を制限又は變更すへき文字を有する證書を受取りたる場合に於ては其證書は當事者間の契約と看做すへきや又は單に契約の證據たるに過きさるやは疑問なりとす。凡そ法律行爲を示めし若くは證明すへき證書に關しては當事者か事實上實際法律行爲を爲さんとするの意思ありしや否やの問題先つ生す。書面に據る法律行爲は口頭により變更せらるへきものにあらすといふ原則は此疑問の場合に於ける口頭の證據には適用せら

れさるなり。然りと雖も當事者は法律行爲を爲すの意思ありしといふことを拒む能はさるなり

責任除外契約の効力

今此疑問に關し左の如き場合を區別して論せんと欲す。勿論契約を無効ならしむへき詐欺、强迫又は錯誤のなき場合なりとして論せさることを得す

一、書面契約を要する場合
(イ)初に證書を交付するとき
(ロ)終に證書を交付するとき
二、書面契約にあらさる他の證書を要する場合
(イ)初に證書を交付するとき
(ロ)終に證書を交付するとき
三、證書を要せさる場合
(イ)初に證書を交付するとき
(ロ)終に證書を交付するとき
一、書面契約を要する場合

書面契約の場合

法律により慣習により若くは取引上より當然推測せられ得へき當事者の豫期するところに從ひ荷送人は書面上の合意契約を爲すへきものなりといふことを知り又之を知らさるへからさるものなりとす

今日に於ては何人と雖も運送業者か此種の契約を爲さんことを請求する慣習の存せることを認むるものと看做さる

此の如き場合に於ては荷送人は其交付を受けたる證書を一覽せさるへからす而て荷送人は一般に證書中の事項を知らさる旨を抗辯として其證書の拘束を免るることを得さるなり

（イ）初に證書を交付するとき

運送契約の豫約なくして契約の當時書面か荷送人に交付せられたる場合に於て荷送人か異議なく之を承諾したりといふの事實あらは通常の場合に於て該書面中の約項に合せる契約を爲したると看做さる又は該書面中の約項に合せる契約の充分なる證據たるへきものなり

運送業者の使用人にして運送業者に運送品を引渡せし者か荷送人に貨物引

換證を還付し而て荷送人か其證書中の約項に同意せさる旨を直に運送業者に通知したる場合に於ては荷送人は貨物引換證を自己の手中に留保すと雖も其證書中の約項により拘束せらるるものにはあらさるなり

右の如き場合に於て英國に於ける運送人規則の規定により作成せらるへき貨物引換證、特約を有する請取證若くは此種の印刷せられたる通知書の如き者交付せられ並に受取られたる場合に於ては一般に契約成立せるものと看做さる

荷送人か運送業者の營業通路以外なる「デットロイト」に物品を運送せらるへき特約を有する貨物引換證を提供したり。然るに運送業者の使用人たる書記か該證中の「デットロイト」と文字に『に向ふ「トレドー」マデ』との文字を附加挿入し之を荷送人に還付したり。而て荷送人は異議なく該證を留保し居たり。然るに該運送品か會々「デットロイト」に於て火災に罹り燒失せり。此場合に於て運送業者は其燒失に付き責任なきものとす

然りと雖も合意書面の裏面若くは緣端に記載せられたる事項の如きは其合意

に關する者に於て且つ合意の一部を成すものにあらすんは單に一種の通知たる效力を有するに過きさるなり

（ロ）終に書面を交付するとき

後に至り書面契約を爲すに至るへき豫約先つ存し而て後此契約たらしめんとて證書の交付せらるるときは左の二の場合を區別せさることを得す

（い）其證書か豫約の約項に從ひ適當の契約を含む場合に於ては其書面契約は有效なり

例之慣習上の船荷證券に因り運送せられんか爲めに先つ運送品か船舶により發送せられ而て後に至り該證券か交付せらるるか如き場合是なり

（ろ）書面契約中の約項か豫約より生すへき約項と異る場合に於ては荷送人は之を拒むことを得

併なから荷送人か書面契約中の約項を知りなから之を受取りたる場合に於ては其證書は正當の契約と等しく荷送人を拘束すへし但此場合に於ては充分なる約因の存することを要す若し充分なる約因存せされは其證書の無效なるこ

と勿論なり
荷送人は證書を一讀すへき義務あるか而て證書中の約項の通知を受けたる場合に於てば之れか拘束を受くへきかは疑問なり。又荷送人は證書は常に正當のものなりといふことを推定すへき權利を有するや否やも疑問の存するところなり
然りと雖も荷送人か自己の運送品を還付せしむるに時期既に遲くれたる場合に於ては荷送人か契約書中の約項を知得し而て之を留保する場合と雖も特に證書として之を留保すへき必要あるか若くは運送業者より運送品を還付せしむる手段として之を留保すへき必要あるときは荷送人は其契約書中の約項に拘束せられさるなり
荷送人か運送品を盡く一纏となし鐵道に依り運送せらるへきことを鐵道會社と口約したり。然るに運送品か發送せられたる後に至り荷送人か運送品中の一部は海運により運送せらるへしとの特約ある貨物引換證を受取りたり。此場合に於ては荷送人は貨物引換の約項により拘束せらるへきものにはあ

書面契約にあらさる他の證書を要する場合

らさるなり

二、書面契約にあらさる他の證書を要する場合

書面契約を要せさるも荷送人か或種類の證書を受取ることを要する場合に於ては其證書中に含まれたる特約の事項は契約と看做さるへき場合と然らさる場合と亦た單に契約を證明すへき場合とあるなり

昔時鐵道會社は運送に關して別段の契約を爲さすして運送品の受取書を作成し之を以て證書と看做したり然るに今日に至りては運送契約を結ふの慣習一般に行はれ普通の場合に於ては常に運送契約を要するものと認めらるるに至りぬ

近來裁判所に於て運送業者は保險者なりといふ責任は嚴酷に失せるものとなし之れか責任を除外制限するの契約を漸次に認むるの傾向を生し來りたるか如し

（イ）初に證書を交付するとき

證書か契約締結の當時に交付せられ而て荷送人か其證書は契約なりといふこ

とを知り又は知ることを要する場合に於ては荷送人は其證書により拘束せらるへし然りと雖も其證書か契約なりといふことを知り又は知ることを要せさる場合に於ては荷送人は其證書中の事項に同意を爲したるものとは看做されさるなり。荷送人は其證書は單に證書たるに過きすと推定することを得へく（其證書は契約なりと推定すへきの義務なし）從て別段之を一讀することを要せさるへしと信す。荷送人か契約締結の當時證書中の事項に同意せさる場合に於ては後に至り之を一讀せしと否とは何等の影響を與ふへきものにはあらさるなり

通常諸種の切符類は一般に證書たるに過きす契約にはあらさるなり。旅客は乘車船の切符中に記載せられたる特約事項に同意せさる限りは拘束せらるるものにあらす亦た之を一讀することを要せさるなり。然りと雖も之に反對する判決例なきにあらす。太洋を航行する滊船に乘船切符の如きは常に一般に或種の特約を記し之れか一の契約たるの效力あるものと看做さるるか如き是なり

然りと雖も荷送人か證書中に或種の特約の存することを知り之を讀むへき十分の便宜と機會とありて且つ之を讀み得へき場合に於ては荷送人は其特約事項に拘束せらる。之を讀まさりしとの故を以て其拘束を受くることを免るゝを得さるなり

然りと雖も證書を受取りし者か證書中に記載せられたる文字を讀むことを得さる場合に於ては他人より之れか敎示を受け且つ之に同意せさる限りは受取人は其證書中の特約事項に拘束せられさるものなりとす

燈光頗る暗き滊車中に於て旅客か手荷物切符數枚を手荷物運送の取扱業者に引渡し其受取證として手荷物切符の枚數を記載せる證書を得たり。然るに此受取證には或特約を明記しあるにも拘はらす燈光暗きの故を以て旅客は之を讀むことを得す從て特約事項の存することには全く注意せさりし場合に於ては其特約事項は旅客を拘束するものにはあらさるなり

英語を解せさる獨逸人に英語を以て記載せられたる受取證を交付し而て何等の說明を與へす獨逸人も他人より何等の敎示をも受けさりしか如き場合

證書を要せさる場合

に於ては其證書は獨逸人を拘束するの效力なきものとす
(ロ)　終に證書を要するとき
契約締結の後に至り證書か交付せらるゝ場合に於ては證書中に含まれたる特約事項を證書受取人か知得したる場合と雖も約因の爲めに其特約事項に同意したるにあらすんは受取人は其特約に拘束せられさるなり
荷物切符の如きは一般に契約締結後に交付せらるゝを常とす。旅客の乘船劵の如きも亦往々然り
一婦人か荷物取扱業者の代理人に荷物切符を渡し荷物引渡に關する指圖を爲して去れり。暫時の後該婦人引歸し來りて受取證を請求し代理人は或特約を含める受取證を交付したり。此場合に於て該婦人は其特約事項に拘束せらるゝものにはあらさるなり
三、　證書を要せさる場合
何等の證書を要せさる場合に於て事實上證書か交付せられたるときは其效力如何の問題に關しては學說及ひ判決例の未た一定せるものなきなり

貨物引換證の責任制限

然りと雖も證書の受取人は普通の場合に於ては其證書を契約なりと解すること常なるへく而て亦た受取人か之を讀むの便宜と機會とを有し且つ之を讀み得たりといふか如き場合に於ては受取人は其證書により拘束せらるへきものなりと信す

運送業者か荷送人又は旅客の之を知得したる場合に於ては荷送人又は旅客を拘束し得へき手續規則を定むるの權利を有するときは運送業者か契約締結の當時引渡せし證書又は受取人に對する適等の通知は受取人之を讀むの便宜を有し且つ之を讀み得へくんは事實上之を讀みたりと否とを問はす完全の通知ありたるものとして荷送人、旅客又は受取人を拘束す

貨物引換證又は之れと同種の證書中に於ける運送業者の責任を制限する契約中にて最も普通にして且つ必要なるものは左の如し。最も此種の責任制限契約に因り除外せられたる危險は海上運送の運送品に對しては常に海上保險契約の普通の形式による

（一）不可抗力、敵人及ひ運送品固有の悪質の如きは契約により表示せられさ

る場合と雖も運送業者は責任なく常に契約に依り責任を除外せらるゝものなりとす

海上危險の意義

（二）海上、湖上、河川若くは航海の危險の如きは屢〻運送業者の責任を除外す。海上の危險は不可抗力に相當する場合ありと雖も不可抗力よりも其意義廣し。海上の危險と不可抗力との二者に關しては多少議論の存する所なり避くへからさる偶然の出來事の如きは海上の危險と必ならすしも同一のものにはあらさるなり。海上の危險中には航海上の普通の危險をも含む人力か運送品の滅失に與りたる場合もあるへきなり

海上の危險中には相當なる注意を以てすれは避け得へかりしといふか如く危難を含まさるものとす。此意義に於ては海上の危險に因る運送品の滅失に於て運送業者に過失ありたるときは其責任は除外せられさるものとす

海上の危險に關し重要なる特別の場合は左の如し

巖礁又は淺洲の如き知られさる障害物は海上の危險なり

暴風雨は海上の危險なり

載貨の撥棄は海上の危險なり
鼠又は蟲類は海上の危險にあらす然りと雖も鼠か船舶の緣邊等を嚙み穴隙をつくり之れか爲めに海水の浸水するところとなりたるか如き場合に於ては鼠其物は海上の危險にあらすと雖も海水の爲めに生せしめられたる損害其者か海上の危險なりと看做さる
船舶の衝突は海上の危險なり然りと雖も多くの場合に於て特約により除外せらるゝなり
船員の脫船は海上の危險にあらす
偶然の失火は海上の危險にあらす
船舶か岸邊に打揚けらるゝことあるは常に海上の危險なり
洪水及ひ減水は內地航海に於ける海上の危險なり
蒸氣船の氣鑵の破烈は航海上の危險にはあらす
强竊盜は海上の危險にあらすと雖も海賊は海上の危險なり
甲板に打上くる海水又は烟霧は海上の危險なり

船舶の動揺は海上の危險なり
漏洩及ひ遺脫は海上の危險にあらす
（三）火災も亦た屢〻責任を除外せらる。北米合衆國に於ては條例を以て海上運送業者は航海を爲すに堪ふへき船舶及ひ火災を消滅せしむるに足るへき適等の裝置を備ふるにあらされは火災より生する責任を免るゝことを得さる旨を規定す
（四）運送業者の使用人の行爲は屢〻運送業者か責任を有せさる損害の原因なりと特定せらる
運送業者又は其使用人か業務を行ふに當り其過失若くは錯誤より來る運送業者の責任を免除せんとするの契約は從來認められたる所なり。運送業者の使用人か其執務以外に於て爲したる行爲は惡意に出てたる不法行爲なりと雖も運送業者は責任を負はすと契約することを妨けさるか如し
（五）海上の船荷證券に於ては通常船長又は海員の不法行爲により生せし運送品の滅失若くは毀損に付き運送業者は其責に任せすと契約す

茲に船長又は海員の不法行爲と稱するは船長又は船員か其資格に於て負ふところの義務に違背し船舶若くは載貨の所有者に損害を及ほす詐欺的行爲を謂ふ而て此不法行爲中には船舶若くは載貨の所有者の同意を得すして不正なる目的を以て委託を破りたる場合をも含むものとす。實際詐欺の意思なしと雖も甚しき不法又は重大なる過失にして詐欺の推定を受くへき行爲は亦不法行爲と看做さる然りと雖も錯誤、不能若くは通常の過失の如きは不法行爲とは看做されさるなり

船長か敵人と通商し、封鎖を破り、國際公法上適法なる船舶の審撿に抗し權利なくして物品捕拿の爲め巡邏し又は密輸出入を爲すか如き船舶の籍沒を招くの行爲はたとひ其目的か船舶若くは載貨の所有者を益するにあるにもせよ船長は不法行爲を爲す者なりとす

航路を離脱するは一般に船長又は海員の不法行爲にあらさるを常とするも或特殊の場合には不法行爲と看做さるへきなり

船長か船舶中に疾走する者あるを認めなから之を止めんとも爲さゝるか如

き場合は船長の不法行爲なり

船舶所有者か船長又は海員の不法行爲に同意したる場合に於ては載貨の所有者に對しても其行爲は不法行爲とならす是れ船舶所有者に屬する義務の違背なり。夫故に船長又は海員か船舶の一部所有者たる場合に於ては船長又は船員は不法行爲を行ふことを得さるものなりとす

海員とは船舶所屬の會社の一部を組成する人員全體を云ふ。其水夫たると然らさるとを問はす船長以外の使用人を總稱するの名なり

船長又は海員の不法行爲により生せしめられたる損害も亦た契約により除外することを得

(六) 船舶の漏洩、破損又は銹黴又は之と同様なる損害の原因も亦屢〻責任を除外することあり

(七) 運送品か所有者の危險負担に於て運送せらるへしとの特約は運送業者をして運送品の保險者たる責任を免除せしむ

運送業者は運送品の滅失又は毀損か法律若くは契約に因り除外せられたる危

運送品損害の近因

險により生したりとの論據を以て其保險者たるの責任を免かれ得へき場合に於ては其除外せられたる危險か運送品の滅失又は毀損の近因ならさることを得す

此場合に於ける近因とは保險法及ひ其責任か自己の行爲より出てすして他の或出來事より生せし場合の如く直接の原因といふの意義なりとす。然りと雖も此種の近因といふことは之れか定義を下たすこと頗る困難にして判決例も亦一致せさるところなり

數日前に暴風雨により沈沒せられたる船舶の破檣に引掛けられて一蒸滊船か沈沒したりといふ場合に於ては其暴風雨は滊船沈沒の近因にあらす。暴風雨か船舶を沈沒せしめ破檣の橫はれる場所に滊船を乘入れたるか如きは人力の爲すところなり

忽ちにして暴風吹き來り列車中の貨車を線路外に脫せしめ同時に貨車火を失し火勢强烈貨車取扱人僅かに身を以て免かれ遂に一個の貨物たも救出すこと能はさりき。此場合に於ては不可抗力は貨物滅失の近因なりといふこと

を得へし

池塘か時ならさる非常の降雨により滿水となりたる場合に於て之を沮るの堤防か亦た他人の爲めに破壞せられたり。此時水の爲めに爲されたる損害は不可抗力に因る近因にはあらさるなり

不可抗力に因る危難あるに當り運送業者の錯誤又は謬斷により運送品の滅失を來したる場合に於ては不可抗力は運送品滅失の近因にはあらさるなり

深霧の夜半船長か過失なくして濱邊の燈光を誤認し船舶を淺洲に乘揚け又は航海者を欺かんか爲めに設けられたる詐欺の燈光により欺かれて遂に船舶又は運送品に損害を生せしめたる場合の如きは不可抗力か近因となりたるにはあらさるなり

運送業者の責任の除外か荷送人の過失懈怠にもとつける場合に於ては近因に關する原則は運送業者の過失に關する場合と同一なるへしと信す

運送品の滅失又は毀損か責任除外の危險により生せられたりといふ立證責任は運送業者の負ふところなりとす。其立證の證據は明白にして且つ精確なるを

のたることを要す。運送業者か單に其滅失又は毀損は責任除外の危險により生せられたるものなることを表示したるのみにては足らさるなり運送品の滅失又は毀損か責任除外の危險より生したる場合と雖も其滅失又は毀損か運送業者有意の錯誤、過失又は運送業者たるの義務違背に屬するときは適法にして責任除外の效力ある明示の特約に因るの外は運送業者は其責任を除外せられさるものとす

右の場合に運送業者か責任を除外せられさる所以のものは左の三個の過失あるか故なり

(一) 運送業者か運送品を危險の位地に置きたること

(二) 運送業者は過失の有無を問はす運送品を危險の位地に置きなから之を危險より保護せんか爲めに適當の注意を用ゐさりしこと

(三) 運送品の滅失又は毀損か危險に因り生せられたるにも拘はらす運送業者か其損害を減殺すへき適當の處置を爲さゝりしこと

海上を航する滊船か破船の壞片に觸れ硝子板を打破り爲めに海水侵入して

載貨に損害を被らしめたり。此事件に於て下級裁判所の判決に云く載貨の損害は海上の危険より生したりと雖も滊船の速度を緩めさりしは過失なり故に滊船會社は損害に對する責任を免るゝことを得すと。會社は此判決に服せすして上告したり。上告裁判所は前裁判を非として判決して云く滊船會社には何等の過失なし且其損害は豫知せられ得へきものにはあらさるなりと

運送業者か鼠の爲めに特に害を受くへき種類の貨物を船舶に載積しなから鼠に對し通常の注意だも爲さゝりし場合に於て遂に貨物か鼠害に罹りしといふ場合に於てはたとひ船荷證券に於て惡蟲の害に付ては責任を負はすと特約したる場合と雖も運送業者は其損害を賠償すへき責任あるものなりとす

損害を防止するに當り爲すへき適當の處置は先つ第一に人命を救ひ然る後物件に及ぼすへきものなりとす

失路の場合

船舶か方向を誤り航路を失へたる場合に於ては運送業者は其失路中に受けし如何なる損害と雖も之を賠償すへき責任あり而て船舶か航路を失はさるも尙

且つ其損害を受け得へかりしなりといふの口實を以て賠償の責任を免るゝことを得さるなり

石灰を搭載せる船舶か航路を失し其失路中に暴風雨吹き起りて石灰を濕侵したり、本件に於て被告か其船舶の正當航路にあるも均しく暴風雨の侵すところとなりて損害を被むりしに相違なしとの立證を爲したるにも拘はらす裁判所は此立證を却け損害賠償の責任ありとの判決を下だしたり

運送業者か運送品を發送するに際し不當に遲滯を來たし爲めに運送品を危難に遭遇せしめ因て損害を招きたる場合に於ては運送業者は船舶か航路を失へし場合と同一の責任あるものなりとす。併し之に反對なる判決例もなきにはあらさるなり

運送業者か其損失は責任除外の危險より生したるものなりといふことを證明する場合に於て其損失は運送業者の過失にもとつくものなりとの立證を爲すへき責任は運送業者を相手取るところの人に存す。此場合に於て立證責任は依然運送業者にありとの判決例なきにあらさるも極て少數なりとす

之を要するに運送業者か責任を負ふへき場合は彼の過失又は懈怠か損失の近因ならさることを得す。此意味は一般に私犯法又は其責任か其人の行爲の結果に屬すへき場合に於けるか如く其損失か運送業者の不法なる作爲又は不作爲より出てたる直接にして且つ自然の結果たらさることを得さるなり

夫故に運送業者か保險者として責任を有するや否やを決する爲めには一個の原因か直近なりや否やを考へさることを得す倘ほ又た運送業者か過失に對して責任を負ふへきや否やを決する爲めには他の原因か直近なりや否やを考へさることを得す

日本商法の規定

日本商法の規定する運送業者の物品に對する義務は左の如し

運送品の全部又は一部か不可抗力に因りて滅失したるときは運送人は其運送賃を請求することを得す若し運送人か既に其運送賃の全部又は一部を受取りたるときは之を返還することを要す(商法第三百三十六條第一項)

運送品の全部又は一部か其性質若くは瑕疵又は荷送人の過失に因りて滅失したるときは運送人は運送賃の全額を請求することを得(商法第三百三十六條第

二項)
運送人は自己若くは運送取扱人又は其使用人其他運送の爲め使用したる者か運送品の受取、引渡、保管及ひ運送に關し注意を怠らさりしことを證明するに非されは運送品の滅失、毀損又は延着に付き損害賠償の責を免るゝことを得す(商法第三百三十七條)
貨幣、有價證券其他の高價品に付ては荷送人か運送を委託するに當り其種類及ひ價額を明告したるに非されは運送人は損害賠償の責に任せす(商法第三百三十八條)
數人相次て運送を爲す場合に於ては各運送人は運送品の滅失、毀損又は延着に付き連帶して損害賠償の責に任す(商法第三百三十九條)
運送品か運送人の悪意又は重大なる過失に因りて滅失又は毀損したるときは運送人は一切の損害賠償の責に任す(商法第三百四十一條)
船舶所有者は特約を爲したるときと雖も自己の過失、船員其他の使用人の悪意若くは重大なる過失又は船舶か航海に堪へさるに因りて生したる損害を賠償

する責を免るゝことを得す(商法第五百九十二條)

第九章　運送業者の運送品引渡

Delivery by the Carrier

運送業者か運送品の引渡を受け之を發送し而て其運送行爲を遂行するに當り如何なる權利を有し如何なる義務を負ふやに付き前數章に於て論せり本章に於ては運送行爲を終了したる場合に於て運送業者は如何なる行爲を爲すことを得へきや及如何なる行爲を爲すへき義務ありやに付き論せんと欲す

運送行爲を終了せしときの行爲

運送業者か運送行爲を終了したる場合に於ては左の行爲を爲すへきものなりとす

運送業者は運送品を(一)適當の時に(二)適當の場所に於て(三)權利者に引渡すへきものとす

運送業者か運送品を引渡すへき時、場所及ひ方法は法律に因り定まれるにあらす當事者間の契約若くは慣習に因り定まる

貨物引換證と引渡義務

運送品の引渡を受くべき權利を有する當事者は(一)如何なる時に於ても(二)如何なる場所に於ても(三)如何なる方法に於ても之れか引渡を受くることを得運送業者か不適當なる運送品の引渡を提供したる場合に於ては相手方は之を受取ることを拒み更に適當なる引渡を爲すべき旨を主張し而て尙ほ運送業者は全然運送品の引渡を爲さゞる者なりとなし其責任を問ふことを得指圖人に運送品か引渡されんか爲めに貨物引換證か交付せられたる場合に於ては運送業者か運送品の引渡を爲すべき正當の人は貨物引換證の眞正の所持人なりとす。此場合に於て運送業者か善意に且つ相當なる注意を用ゐたるにも拘らず他人に運送品の引渡を爲したる場合に於ては其他人か現に貨物引換證を運送業者に示めし一見して貨物引換證の眞正の所持人なるが如くなる場合と雖も運送業者は錯誤による引渡に因り責任を負ふべきものなりとす此の如き場合に於て運送業者は運送品を請求する者か貨物引換證に記名せられたる原荷受人にあらさるとき若くは貨物引換證の上より裏書を必要とするときに當りては適法に裏書せられたる貨物引換證を受取るまで運送品の引渡

引渡を受くへき正當の人

を爲すことを拒むことを得

或地方に於ては運送業者は貨物引換證と引換にあらされは運送品の引渡を爲すことを得すとなす

貨物引換證に荷受人の記名なき場合に於ては右に述へたると同一の原則適用せらる

其他の場合に於ては運送品の所有者と看做さるゝ荷受人若くは運送品を受取るの權利を所有者より附與せられたる者は運送業者が運送品の引渡を爲すへき正當の權利者なり、運送業者は此權利者に運送品の引渡を爲し以て其引渡義務を免るゝことを得但運送業者か他に運送品に付き權利を有する者ありとの通知を受けたる場合は此限に非らず

條例によれる或地方を除くの外は貨物引換證か指圖人又は所持人に交付せられたるにあらされは運送業者は荷受人に對して貨物引換證又は受取證を引渡すへきことを請求するを得す

第三者か運送品に對する最優等の權利者なる場合又は最優等の權利者なりと

引渡の延期を為し得る場合

主張する場合に於ては寄託の普通の原則適用せらるべし

第三者より運送品請求の通知ありたる場合に於ては運送業者は運送品に對する眞正の權利者の請求あるにあらざれば右に述べたる引渡を爲すべき正當の權利者に運送品を引渡すを以て正當とす又引渡すべき義務あるものなりとす然りと雖も數多の人か運送品の引渡を受くべき權利者なりと稱して之れが請求を爲し來りたる場合に於て[illegible]運送業者は責任を以て事實の權利者に運送品の引渡を爲さゞることを[illegible]地方に於ては此場合に於て條例の規定により運送業者は衡平[illegible]の請求者中何人か眞正の權利者なりやの確認の決[illegible]運送業者は何人[illegible]やを善意にて疑ふに足るべき正當の理由あ[illegible]人か引渡を爲すべき正當の人なりやを善意に[illegible]ある場合に於ては之を發見せんか爲め相當の[illegible]ことを得。又運送業者は此場合に於て普通の受[illegible]向て其權利の立證を求むることを妨げず

注センターへFAX下さい。共同ネット利用可
流通受注センター
F 048-295-6964 T 048-298-3006
郎 編
集別巻1193第1104回配本
上製/336頁/201806-015
発行所 信山社
T03-3818-1019
本郷東大前 東京・文京
定価 38,880円
本体 36,000円 ⑧
ISBN978-4-7972-7308-3
C3332 ¥36000E
3083

引渡の義務違背

右の場合に於て運送業者は事實上滿足の結果を得るに至るまて何時までも運送品の引渡を延期することを得べしといふにはあらず。又此場合に於て運送業者は引渡延期の理由を表示せざることを得ず

運送業者か正當なる權利を有せざる者に運送品の引渡を爲したる場合に於ては善意にて過失なく又は詐欺に陷りたる場合と雖も荷送人又は引渡を受くべき權利者の過失により誤まれるに至りたるにあらずんば運送業者は義務違背の責あり且つ運送品を回收轉用せし責を免るゝことを得ざるなり

荷受人方より來れりと稱する僞指圖人に運送品の引渡を爲したる場合に於ては運送業者は其責を免るゝことを得す

甲者か詐て假想の名宛人を作り乙者に其所有の或物品を其名宛人に荷送せんことを託し乙者は其指圖に從ひ丙なる運送業者の手により運送せしめたり。然るに甲者か其假想の名宛人又は其代理人なりと僞り運送業者より該運送品の引渡を受けたりき。此場合に於て該運送品は乙者か甲者に賣らんとの意思あらさりしか故に甲者は該運送品の所有者と爲ると能はさるなり。併し

疑問として論せらるゝ點は甲者は果して正當なる荷受人なりや否や從て運送業者か甲者に運送品の引渡を爲せしは其當を得たりや否やにありとす。此場合に於て米國裁判所の所見によれは運送業者は運送品の所有者に對して責任を負はさることを得す何となれは運送品を受取りし人は事實上眞に物品の送達引渡を受くへき者にあらされはなりと。英國裁判所の所見は之に反せり云く荷送人は運送業者に對して假想の宛名人か實存する旨を表示し而て運送業者は荷送人か發送を指圖せし人か宛名人なりと推測して爲したる引渡は其當を得たるものなりと

右の例に於て甲者か突然運送業者に至り運送品を引渡さんことを請求し運送業者は甲者と荷受人と同名同人なりや否やの證明を求めすして甲者に運送品を引渡したるに後日に至り甲者は荷送人に運送品の發送を指圖せし人にして名宛の荷受人の名と異なれりといふことを發見したり。此場合に於て運送業者は名宛人の名か實存せりや否やを調査し若し實存せさることを發見したる場合にては運送業者は運送品所有者の爲めに倉庫營業者として

て運送品を保管せさることを得す。此場に合於て米國裁判所は同名同人なりといふ證明を求めすして權利を有せざる人に引渡を爲したるは運送業者の過失なりとの所論を採れり。然りと雖も若し運送業者か相當なる注意を用ゐたるにも拘はらず荷送人に欺かれ引渡を爲せし人か權利者なりと思考するの已むことを得さるに至らしめられたる場合に於ては之れと反對の判決を見るに至るへしと信す

荷受人の町名番地か指定せられたる場合に於ては運送業者は着荷の旨を指定の町名番地に通知し而て運送品の引渡を受けたる人か其指定所にて其通知を受取りたりといふ場合に於ては運送業者は最早運送業者としての義務を盡くし終りたれは何等の責任をも有せさるなり。何となれは運送業者は荷送人の指圖に從ひ引渡を爲したれはなり。是れは英國裁判所の認むる所なりとす

米國に於ては右の如き場合に於ては運送業者は其責に任せさることを得すとの所見を採れり。然りと雖も荷受人の町名番地か指定せられす運送業者も

亦着荷の通知を發せさりしに騙者あり運送業者に至り荷送人の爲めに誤まられたるにはあらさるも運送業者の過失に出てたるを理由として運送品の引渡を請求したり運送業者は其騙者たるを知らす眞の荷受人にあらさるにも拘はらす別に深く問ふことなくして遂に騙者運送品を引渡したりといふか如き場合に於ては運送業者は責任なしと認むるか如し

騙者あり一婦人に對し其夫の名を署し書狀を送り或物品を送らんことを請求したり。婦人は詐欺なりとは露知らす請求せられたる物品を其夫の宛名にて發送したり騙者は其夫なりと詐り運送業者より運送品の引渡を受けたり。此場合に於て米國の判決例によれは運送業者に過失なきか如しと雖も責任あるものとせり

然りと雖も運送品か事實上荷送せられたる人に引渡されたる場合に於ては運送業者か詐欺に因り其人に送達せられたる物品を受取りたる場合と雖も運送業者は責任を有せさるものなりとす

騙者あり名を詐り假設の名にて物品を購ひ其假設の名宛に向け之れを運送

せんことを指圖せり。而て騙者か假設荷受人の代理人なりと稱して運送業者より該運送品の引渡を受けたり。此場合に於て運送業者には責任なきものとす

運送業者か運送業者たるの資格を以てせすして倉庫營業者として物品を保管せる場合に於ては運送業者は一般に受寄者の如く單に相當なる注意を以て正當なる權利者に運送品を引渡すへき義務あるに過きさるなり

相當の期間

運送業者は運送行爲を終り着荷の上は相當なる期間内に出來得る丈け速に運送品の引渡を爲すへきことを要す

荷受人か運送品を荷卸し若くは之を持行き其他之を受取るへき或行爲を爲すへき場合に於ては相當の期間内に之を爲さゝることを得す

荷受人か運送品到着の通知を受くへき權利を有する場合に於ては『相當なる期間』とは荷受人か通知を受けたる時若くは運送業者か通知を爲すに必要なるすべての行爲を爲し終りし時より初まる

一般に荷受人か着荷せし運送品を速に受取る爲め充分の便宜を有せさりしと

休日

いふ事實若くは之を受取るの際頗る多忙なりしといふの事實は『相當なる期間』といふ問題を決するには全く無關係なりとす

荷受人か運送業者より着荷の通知を受けたる當時其荷車か他事に使用せられ居たるの故を以て暫くの間着荷の運送品を受取らさりき。此場合に於て荷受人の荷車か他事に使用せられ居たりといふ事實は相當なる期間といふ問題を決するに思考すへき價値なきものなりとす

法律上業務の休止と看做さるる法定休日に於て運送業者は荷受人に對して運送品を受取るへきことを請求するを得す又荷受人は運送業者に對して運送品の引渡を請求するを得さるなり。法定休日にあらさるも引渡地に於ける一般の慣習として休日と看做さるるの日に於ても亦た同一の規則適用せらる

運送品の引渡は相當なる時刻に於て爲されさることを得す。即ち業務執行の場所に於ては業務執行時間中に爲されさることを得す

一般の原則に從へは運送業者は荷受人の住所、事務所又は指定所に於て荷受人自身若くは荷受人より運送品受取の權利を附與せられたる代理人に運送品を

引渡さざることを得す。而て運送業者は相當の注意を用て荷受人を發見すへきものなりとす

然りと雖も此規則は慣習又は慣習か默示する當事者間の合意により變更せられ得へきものなりとす

米國に於て大學學生に宛て荷送せられたる運送品は大學總長若くは總長官舍に對して引渡さるるの慣習は有效なりと認められたり

右述へたる一般の原則は水上又は鐵道による運送業者には適用せられさるなり

水上運送業者の引渡

水上の運送業者は荷受人の爲め運送品を撿し之を受取るに便利ならしめんか爲め水邊の適當にして安全なる場所に於て運送品の引渡を爲すへきものなりとす

運送業者は相當なる注意を以て運送品到着の旨を荷受人に通知せざることを得す而て荷受人か運送品を受取るには相當なる期間に於てせざることを得ざるなり。此原則は總ての運送業者に適用せらる

鐵道會社の引渡

或地方を除くの外は鐵道會社は必らすしも荷受人の住所又は事務所に於て運送品の引渡を爲すことを要せさるなり

運送業者か荷受人に對して爲すへき荷着の通知は荷受人自身に對して爲されは而て荷受人に到達せさることを得す。新聞紙にて荷着の廣告を爲すか如きは實際荷受人か之を知得するに至りしといふことを證明するにあらされは完全の通知なりといふことを得す。郵便にて荷着の通知を爲すか如き場合に於ては荷受人に到達せしや否やの危險は運送業者の負擔すへきものなりとす

然りと雖も運送業者の爲すへき荷着通知は當事者の合意に因り又は慣習に因り之を省畧することを得

滊船會社か一定の陸揚所を有し此所に運送品保管の爲め倉庫を備付け置きたる場合に於ては會社は運送品か一旦倉庫内に積卸されたるときは運送業者たるの責任を免除せらるへしといふことを船荷證劵に於て特約することを妨けす。此種の特約は相當なるものと認めらる

鐵道會社は其停車場に於て運送品の引渡を爲さゝることを得す。鐵道會社は先

鐵道會社の責任終了の時期に關する三原則

つ適當の停車場に運送を積卸し停車場中荷受人の爲め之を受取るに便利にして且つ適當なる場所に之を置かさることを得す

鐵道會社か右の行爲を爲せは如何なる時期を以て運送品引渡の完了即ち運送業者としての責任終了の時期と認むへきやに付き判決例異れるか爲め左の三の異れる原則を見るに至りぬ

(一) 鐵道會社は停車場中荷受人か運送品を受取るに便利にして且つ適當なる場所に運送品を置き受取らるへき用意を爲し終れは別段受取の時刻を荷受人に通知せさるも引渡は完了したるものとす

(二) 鐵道會社は停車場中荷受人か運送品を受取るに便利にして且つ適當なる場所に運送品を置き受取らるへき用意を爲し而て荷受人か之を受取るに相當なる時間を有せし場合に於ては別段荷着の通知を荷受人に發せさるも引渡は完了したるものとす

(三) 鐵道會社は停車場中荷受人か運送品を受取るに便利にして且つ適當なる場所に運送品を置き受取らるへき用意を爲し而て相當なる注意を以て荷受

人に荷着の通知を爲し尙ほ荷受人か之を受取るに相當なる時間を有するに至るや初て引渡は完了すへし

引渡の效なき場合

運送業者か法律上有効なる運送品の引渡を爲し若くは引渡を爲すに相當なる注意を用ゐしに拘はらす其效なく運送品か依然運送業者の手中に殘留したる場合に於ては運送業者は最早運送業者たるの資格を離れ倉庫營業者若くは受寄者として運送品を保管すへく而て運送業者たるの特別義務を免かれ單に雇傭上の受寄者たる責任を負ふのみ

運送業者の過失にもとづく引渡の不能の場合

然りと雖も運送業者か自己の過失に因り荷受人をして運送品を受取ることを得さらしめたる場合即ち運送品未た到着せすといふか如き虛僞の報知を爲したる場合の如きは運送業者は運送業者としての責任を免るゝことを得さるなり

荷受人の受取拒絕の場合

運送業者か荷受人に對して運送品受取の適當の申込を爲したるにも拘はらす荷受人か不當に之れか受取を爲すことを拒み若くは運送品の保管を更に運送業者に請求し而て運送業者か之を保管したる場合に於ては運送業者は運送業

者たるの資格を離れ單に無償の受寄者として運送品保管の責任を有するに止まるのみ

引渡不能の場合に於ける運送品の處分

運送業者か運送品の引渡を爲すこと能はさる場合に於ては運送品を放棄することを得す

運送業者か運送品の引渡を爲すこと能はさる場合に於て若し運送品か損敗し易き物なるときは之を賣却することを妨けす。然りと雖も其他の場合に於ては之を賣却することを得す

運送業者か運送品を賣却せさりし場合に於ては相當の倉敷料を受け倉庫營業者として之を保管することを得又は所有者の危險負擔及ひ費用負擔に於て或他の適當なる場所に之を保管することを妨けす

引渡不能の場合に於ける通知義務の原則

運送業者か運送品の引渡を爲すこと能はさる場合に於ては其不能の旨を通知すへき義務を有するや否やに付きては學說、判決例の區區として一致せさるところなり

左の原則は多數の判決例に於て認められ且つ一般に採用せらるゝ所のものな

り

一、運送業者か第三者と共に運送品を保管せる場合に於ては引渡不能の旨を運送品の所有者と看做さるへき人に相當の注意を以て通知を爲し而て所有者をして之を受取ることを得せしむへきものなりとす

二、運送業者か荷受人の住所又は事務所に於て運送品の引渡を爲すへきの義務なく亦荷着に付き通知を爲すへきの義務なき場合に於ては運送業者は引渡の不能を何人にも通知することを要せさるなり

三、運送業者か荷受人の住所又は事務所に於て運送品の引渡を爲すへき義務を有し亦荷着に付き通知を發すへき義務を有する場合に於ては相當なる事情の存する場合に限り運送業者は引渡の不能を相當の注意を以て荷送人に通知せさることを得す

四、荷送人か尙ほ運送品に付き利益を有するといふ事實は若し運送業者の知得するところなれは相當なる事情の存するや否やを決するに必要なり。一般に認めらるゝところによれは通常の場合に於て荷受人は運送品の所有者なりと

推定せらる故に此場合に於ては荷送人に別段の通知を爲すことを要せさるなり。然りと雖も荷送人か運送品の所有者なりと推考せらるへき事實か運送業者の知得するところとなりたる場合に於ては運送業者は荷送人に引渡不能の通知を爲すへき相當なる事情の存するものなりとす

五、荷受人か運送品を受取ることを拒みたりといふことのみにより荷送人か運送品の所有者なりといふ事實を決することを得す

六、運送品か引渡拂にて送られたりとの事實は通常の場合に於て運送品か荷送人に屬すといふことを運送業者に知らしむるものなり

引渡拂の場合

七、運送業者は引渡拂運送品の運送を爲すへき旨を公告せさる限りは此種の運送品を引受ることを要せす。公告せすして引渡拂と記しある運送品を引受け若くは引渡拂の請求を附加せられたる上にて之を引受けたる場合に於ては其引受は引渡拂契約の一證據となるも確定力ある證據にはあらさるなり

運送業者か引渡拂運送品を引受けたる場合に於ては荷受人に運送品の引渡を爲すことと及ひ代價の支拂を受くることとは相供ふの條件なりとす。運送業者か代

價の支拂を受けすして運送品の引渡を爲したる場合に於ては是れ運送品を回收轉用したるものにして且つ運送業者としての運送契約の違背なり

引渡拂運送品の荷受人は運送品を受取る以前に之を撿すへき相當なる便宜を與へらるへき權利を有す且つ必要なる場合に於ては運送品の荷包を開封することを妨けす

引渡拂の運送品を受取るの際荷受人か先つ運送品の代價を支拂ひ而て之を點撿して運送品か其指圖せしところの物と一致せさることを發見したる場合に於ては之を運送業者に返付し其支拂ひし代價を償却せしむへしとの約束を以て運送業者より運送品の引渡を受けたり然るに荷受人か點撿せしところ運送品か指圖せし物に反せることを發見したるを以て約束に從ひ運送品を運送業者に返付し代價の償却を請求したり此場合に於て運送業者は其請求に應すへきものなりとす

荷受人か運送品を受取り且つ直に其代價を拂ふへき用意あらさる場合に於ては運送業者は相當期間荷受人の爲め運送品を保管せさることを得す此場合に

於て運送業者は倉庫營業者として之を保管するに止まるなり然りと雖も運送業者は荷受人の爲め再ひ運送品を取ることを要せす。其後は荷受人自ら來て之を持去るへきことを請求することを妨けす

荷受人か運送品を受取ることを拒みたる場合に於ては運送業者は之を荷送人に還附することを得若くは之を保管して其旨を荷送人に通知して指圖を待つことを得

日本商法の規定

運送業者か引渡拂運送品の代價を集め荷送人の爲め貨幣其物を其儘保有して持歸る場合に於ては運送業者は其貨幣に對し運送業者たるの責任あるものなりとす。此點に關しては疑論の存するところなりと雖も斯く論斷するも不當にあらすと信す。若し運送業者か運送品の代價たる貨幣を自己の貨幣と混したる場合に於ては運送業者は運送品の代價額に對して絕對的に金錢債務を負ふへきものなりとす

運送業者の物品引渡に關する日本商法の規定は左の如し彼我相參照すへし

荷受を確知することと能はさるときは運送人は運送品を供託することを得(日本

商法第三百四十五條第一項）
前項の場合に於て運送人か荷送人に對し相當の期間を定め運送品の處分に付き指圖を爲すへき旨を催告するも荷送人か其指圖を爲さゝるときは運送品を競賣することを得（同第三百四十五條第二項）
運送人か前二項の規定に從ひて運送品の供託又は競賣を爲したるときは遲滯なく荷送人に對して其通知を發することを要す（同第三百四十五條第三項）
前條の規定は運送品の引渡に關して爭ある場合に之を準用す（同第三百四十六條第一項）
運送人か競賣を爲すには豫め荷受人に對し相當の期間を定めて運送品の受取を催告し其期間經過の後更に荷送人に對する催告を爲すことを要す（同條第二項）
運送人は遲滯なく荷受人に對しても運送品の供託又は競賣の通知を發することを要す（同條第三項）
運送人の責任は荷受人か留保を爲さすして運送品を受取り且運送賃其他の費

用を支拂ひたるときは消滅す但運送品に直ちに發見すること能はさる毀損又は一部滅失ありたる場合に於て荷受人か引渡の日より二週間内に運送人に對して其通知を發したるときは此限にあらす(同第三百四十八條第一項)
前項の規定は運送人に惡意ありたる場合には之を適用せす(同條第二項)
又日本商法第三百四十七條及ひ第三百四十九條に於て運送人の引渡義務に付き適用を受くへき準用規定は左の如し
商人間の賣買に於て買主か其目的物を受取ることを拒み又は之を受取ること能はさるときは賣主は其物を供託し又は相當の期間を定めて催告を爲したる後之を競賣することを得此場合に於ては遲滯なく買主に對して其通知を發することを要す(同第二百八十六條)
損敗し易き物は前項の催告を爲さすして之を競賣することを得(同條第二項)
前二項の規定により賣主か賣買の目的物を競賣したるときは其代價を供託することを要す但其全部又は一部を代金に充當することを妨けす(同條第三項)
運送取扱人は運送品に關し受取るへき報酬、運送賃其他委託者の爲めに爲した

る立替又は前貸に付てのみ其運送品を留置することを得(同第三百二十四條)

數人相次て運送の取次を爲す場合に於ては後者は前者に代はりて其權利を行使するの義務を負ふ(同第三百二十五條第一項)

前項の場合に於て後者か前者に辨濟を爲したるときは前者の權利を取得す(同條第二項)

運送取扱人の責任は荷受人か運送品を受取りたる日より一年を經過したるときは時效に因りて消滅す、前項の期間は運送品の全部滅失の場合に於ては其引渡あるへかりし日より之を起算す、前二項の規定は運送取扱人に惡意ありたる場合には之を適用せす(同第三百二十八條)

又船舶運送に關しては左の規定あり

船舶の全部又は一部を以て運送契約の目的と爲したる場合に於ては運送品を陸揚するに必要なる準備か整頓したるときは船長は遲滯なく荷受人に對して其通知を發することを要す、運送品を陸揚すへき期間の定ある場合に於ては其期間は前項の通知ありたる日の翌日より之を起算す其期間經過の後運送品を陸揚したるときは船舶所有者は特約なきときと雖も相當の報酬を請求することを得、前項の期間中には不可抗力に因りて陸揚を爲すこと能はさる日を算入せす、個個の運送品を以て運送契約の目的と爲したるときは荷受人は船長の指圖に從ひ遲滯なく運送品を陸揚することを要す(同第六百五條)

荷受人か運送品を受取ることを怠りたるときは船長は之を供託することを得此場合に於ては遲滯なく荷受人に對して通知を發することを要す、荷受人を確知すること能はさるとき又は荷受人か運送品を受取ることを拒みたるときは船長は運送品を供託することを要す此場合に於ては遲滯なく傭船者又は荷送に對して其通知を發することを要す(同第六百〇七條)

第十章　運送業者の權利

The Carrier's rishts

占有者の權利

運送業者の義務に關して前數章に於て論述せり本章に於ては專ら運送業者の權利を說かんと欲す

運送業者は運送品を占有するか故に占有者たるの權利を有す

所有者の權利の代位

運送業者は運送品に付き占有權を有するか故に一般の物品受寄者の如く運送品を不法に取得し握有し又は損害を加ふる第三者を相手取て訴ふるの權を有す而て被告をして運送品其物を還償せしめ若くは不法行爲に對する充分の賠償を請求し場合によりては運送品代價の全額の賠償を請求することを妨けさるなり

運送品の所有者も亦普通の寄託の場合の如く運送品に對する訴權を有す然りと雖も運送業者若くは所有者か運送品に對する請求を爲し勝訴を得たる場合に於ては尙進て請求を爲すことを得す而て勝訴により賠償を得たる者(運送業者又は所有者)は他の者(運送業者又は所有者)に對して其利益の限度に於て受寄者たるの位地に立つへく隨而其限度に於て其者に對して計算を爲すへきの義務あり

運送業者は占有の爲めに有する權利よりして運送品に對する別個の權利を有することを得。運送品か不法に取得せられ又は毀損せられたる場合に於ては運送業者は運送品の所有者に對して辨償を爲し而て所有者の權利を代位するこ

擔保權

とを得

運送業者か運送品の上に運送賃若くは倉敷料の擔保權を有する場合に於ては所有者と雖も猥りに運送品を取り又は運送品に對する運送業者の擔保權を害すへき行爲を爲すことを得す

運送業者か所有者の爲めに其擔保權を害せられたるときは所有者を訴ふることを得。然りと雖も此訴訟に於て運送業者は單に其利益の限度に於てのみ賠償を受くへきのみ。此訴權は推定所有權を以て基礎とせられたるものにはあらすして物品受寄者としての事實上の運送業者の權利を基礎としたるものなり

保險上の利益

運送業者は運送品に付き保險上の利益を有す

運送賃の請求權

運送業者か運送品を運送し終り之を權利者に引渡したるときは運送賃を請求するの權利を有す。若し運送賃の割合額を合意せさりしときは相當額を請求することを得

一般の原則としては運送業者は適當の指定地に於て運送品を引渡したる場合に於てのみ運送賃を請求することを得。而て其引渡を終りし運送品の部分に付

損害賠償と運送賃との相殺

てのみ運送賃を請求することを得
着荷の當時運送品の情態の如何を問はす運送業者は運送賃を請求するの權利を有す
運送業者か運送品の損害に付き責任を負ふへき場合に於て英國にては出訴法の發布には運送業者は分離せる別個の訴訟により請求を受けたりと雖も米國に於ては此場合に於ける請求と運送賃の請求の訴訟同時に成立することを妨けさるなり即相殺することを得へきなり
荷送人は常に運送賃を支拂ふへき義務を負ふ但荷送人と運送業者との間に反對の契約存する場合は此限にあらす
然りと雖も荷受人か運送品の所有者にして運送品を受取りたる場合に於ては反對の明示契約存せさるときは荷受人か運送賃を支拂ふへき默約の存するものと看做すことを得。而て運送業者か反對の通知を受けさりし場合に於ては荷受人か運送品を受取りしといふ事實か運送業者と荷受人との間に於て運送賃支拂の義務を荷受人に負はしめたるものと認むることを得。此種の反對の通知は貨物引換證、運送契約中に含まれ又は荷受人の監督の下に第三者に向けられたる運送品の指圖中に存し其他或方法により運送業者に發せらるゝなり荷受人か運送品を受取りたる場合を除くの外は荷受人か運送品の所有者たると否とを問はす荷受人か運送賃を支拂ふへきものなりといふ默約の存することなし。荷受人か貨物引換證に裏書したるときは被裏書人は運送品を受取ることを得

荷受人の讓受人又は貨物引換證の被裏書人か荷受人に代て運送品を受取る場合に於ては其讓受人又は被裏書人は運送賃を支拂ふへき默約を爲したるものと看做さる

重量又は尺度に從ひ運送賃か支拂はるへき場合

重量若くは尺度に從ひ運送賃か支拂はるへき場合に於ては運送業者か運送船車に之を積込み而て引渡を爲せし部分に付てのみ運送賃を請求することを得へきなり

運送中に當り運送品か其重量又は容積を增加する場合に於ては運送業者は運送賃の增加額を請求することを得す。之に反して運送中に當り運送品か其重量

又は容積を減少したる場合に於ては運送業者は減少したる運送品の運送賃額を失ふ
運送中に當り運送品か濕氣を吸して其重量容積を増し其他膨脹の結果其容積を増大せしめたる場合若くは牝牛か犢を生みたるか如き場合に於て運送業者は運送賃の増加を求むることを得す
運送業者か或理由に因り運送品の全線路運送を遂行すること能はさるに至りたる場合に於ては運送品を他の運送業者により發送せしめ自ら運送賃を取得することを妨けす

運送中止の場合に於ける運送賃

運送品の所有者と運送業者との合意により運送を中止し中間の場所に於て運送品の引渡を爲すことを妨けす。此場合に於ては運送業者は既に爲したる運送の割合に應する運送賃を請求することを得
日本商法に於ては第三百四十二條に於て規定して云く荷受人又は貨物引換證の所持人は運送人に對し運送の中止、運送品の返還其他の處分を請求することを得此場合に於ては運送人は既に爲したる運送の割合に應する運送賃、立替金

及ひ其處分に因りて生したる費用の辨濟を請求することを得と

右運送中止の場合に於ける運送品引渡の合意及ひ運送品所有者か運送品を受取ることとは任意に出てたるものなることを要す

從來に在ては苟くも强迫若くは威逼に因りたるにあらさる限りは所有者の運送品の受取は任意に出てたるものと看做されたり。乃ち運送業者か運送の中途にて運送を拒み若くは進て運送することと能はさるに至りたるときに當り所有者か運送品の放棄を防止するか爲め其占有を爲したる場合若くは運送業者か故意不法に運送中間の場所にて運送品を賣却し所有者か其賣却代金を受取りたる場合に於ては所有者の受取は任意に出てたるものと認めたり

然りと雖も今日に於ては所有者の運送品受取か任意なる爲めには所有者か實際上其場所にて之を受取るか若くは原指定地に於て之を受取るか自由に撰擇することを得る場合ならさることを得す。之に反して單に運送業者か運送中進て運送を繼續することと能はさるに至りたる爲め又は運送業者か故意に運送を中止したるか爲め若くは運送品の放棄を防止せんか爲め所有者か運送品を占

有したるか如きは所有者の任意の受取にはあらさるなり。要するに受取の任意なると否とは常に事實問題なりとす。運送品か保險人の手に委棄せられ而して保險人か之を受取りたる場合に於ても亦同一の效果を生すへきものなりとす

運送品所有者の指圖なきにも拘はらす又所有者に何等の通知を爲さすして運送中途に於て運送業者か正當に或は不法に運送品を賣却し其代金を所有者に支拂ひ所有者も亦之を受取りたる場合に於ては所有者に既に爲されたる運送の割合に應する運送賃を支拂ふへき義務なきなり

運送中途にして如何なる原因あるにも拘はらす最早運送を繼續すると能はすといふ場合に於ては運送を遂行せられさるに至りたる時より運送賃を支拂ふへき義務なきなり。運送品か損敗すへき性質の物なる場合に於ても亦然るなり

既に爲されたる運送の割合に應する運送賃

『既に爲されたる運送の割合に應する運送賃』とは既に運送を遂行せられたる距離の割合に於ける計算なり。運送品の價額の增加の割合又は運送を成就するに至るへき評價の割合とは何等の關係なきものなりとす。此規則は稍〻杜撰にして或場合に於ては頗る其當を得さることありとの批難を免かさるへきも簡單に

して且つ適用には至極便利なる規則なり
運送品か代理運送業者により發送せらるゝ場合に於ては代理運送業者も亦た運送賃の請求權及ひ運送賃に對する運送品上の擔保權を有す。其請求し得へき運送賃の額は運送全部に於ける最初の合意額に超過することを妨けす。此場合に於て原運送業者は代理運送業者の運送賃か支拂はれたる殘額を受くへきのみ
船長か他の船舶により運送品を發送すへき契約を爲したる場合に於ては船長は運送品の所有者若くは船舶の所有者の代理人として其行爲を爲すことを得へきなり。船長か船舶所有者の代理人として其行爲を爲す場合に於ては船舶所有者は代理運送業者の運送賃に對して責任を有す此場合に於ても代理運送業者は亦た運送賃に對する擔保權を有す
船長か運送品所有者をして原契約にて合意せられたるより多額の運送賃を支拂はしめたる場合に於ては船長及ひ船舶所有者は運送品所有者に對して超過額丈けを還償すへき責任あり

碇泊日數超過料

運送品を發送すへき權利を有せさる者か運送業者をして之を發送せしめ而て所有者か運送業者より之を受取りたる場合に於ては所有者は運送賃支拂に付き自ら責任を有せさるなり。此場合に於て運送業者か運送賃に對する擔保權を有するや否やは別問題なり

運送賃か豫納せられたる場合に於て其全部又は一部か未た代理運送業者によ り取得せられさる場合に於ては荷送人は反對の契約なくんは其未た取得せら れさる運送賃の部分を原運送業者より取得することを得

荷受人か自己の過失に因り運送品受取の準備を爲さすして運送業者に遲滯を生せしめたる場合に於ては運送業者は其賠償を請求することを得へきものなりとす

船荷證劵及ひ傭船契約に於て運送品の引渡さるへき期間を特約す。此期間を碇泊日數 Lay days と稱す

又當事者間に於て運送品の引渡若くは受取に付き遲滯を生したる場合に於ては何れの當事者か賠償を受くへき權利を有するやを契約を以て特定すること

を得。此種の契約に因る賠償は之を碇泊日數超過料 Demurage と稱するなり

右の如き遲滯賠償の契約なき場合と雖も荷受人か不法に運送品を受取ることとを拒み爲めに遲滯を生するに至りたる場合に於ては運送業者は亦賠償を請求するの權利を有す。此種の賠償は正確なる意義に於ける碇泊日數超過料と稱することと能はさるも碇泊日數超過料たるの性質を有する損害の賠償なりとす故に此種の賠償も亦往々碇泊日數超過料と稱す

運送業者は反對の契約なき限りは運送賃に對する運送品の物上擔保權を有す此種の擔保權は特定擔保權にして慣習法上の占有擔保權なり

一般擔保權は合意又は慣習によりて成立す

多數の判決例か認むるところに從ふときは運送業者の擔保權は運送品の引渡を受くるや否や初まる而て同時に運送業者としての責任を運送品に對して負擔するものとす

傭船契約に於て船舶か雇傭せられ其運送賃は航海日數に應して支拂はるへしといふ場合に於ては船舶か破船するに至るまでは運送業者の擔保權初まらす

との判決例もあるなり

物上擔保權の目的物

運送業者の物上擔保權は運送を遂行すへき費用即ち運送賃に對してのみ存するものなり。運送品保管の爲めに要する倉敷料、荷送人との間に於ける双務契約違反の損害、碇泊日數超過料若くは碇泊日數超過料の性質を有する損害に對しては運送業者か物上擔保權を有せさるなり

然りと雖も運送業者の擔保權は接續線の場合に於ては前運送業者に支拂はれたる運送賃に對しても存するものなり。乃ち接續線に於ける最後の運送業者は運送全部に於ける運送賃全額に　しても擔保權を有す

貨物引換證に於て反對の契約もなく而て最後の運送業者か反對の合意若くは指圖の存することを知らさる場合に於ては最後の運送業者は前運送業者の運送賃を支拂ひ而て其支拂ひたる運送賃に對する擔保權を有することを得るなり

擔保權の消滅

運送業者の擔保權は一般の占有擔保權の場合の如く運送品を無條件にて引渡したるによりて消滅す。然りと雖も明示の默示若くは慣習の力により擔保權を

留保すとの條件附引渡を爲す場合に於ては引渡の爲め擔保權は消滅せらるなり

運送業者か運送品の一部分を引渡したる場合に於ては運送賃全額に對するの擔保權は未た引渡を爲さゝる運送品の殘部の上に存するものとす。此場合に於ては單に引渡を爲せし運送品の部分の割合に應したる運送賃額のみの擔保權か存するにはあらさるなり

運送品の量大にして一度に運送品全部の引渡を爲すこと能はさる場合に於ては運送業者は其運送品の一包毎に運送賃の支拂を請求することを妨けすと英國裁判所に於て决せり

然りと雖も米國に於ては運送業者は運送賃全額の支拂を受け若くは運送賃全額に對する擔保を得るまては運送品の一部分の引渡をも爲すことを要せさるなり。而て運送品所有者か運送賃を支拂はさるか若くは之れか擔保を供せさる場合に於ては運送業者は運送品の全部の引渡を爲すに至るまて之を積卸し直ちに之れか保管を爲すへきものなりとす但此場合に於て其保管費用は荷受の

負擔とす

荷受人の詐僞若くは直ちに運送賃を支拂ふへしとの約束により運送業者か運送品の引渡を爲したる場合に於ては運送業者の運送賃に對する擔保權は其引渡の爲めに消滅せさるなり。而て此場合に於ては運送業者は運送品を再ひ回收することを得

運送業者の擔保權は運送品所有者の債權者、荷受人又は荷受人に對して請求權を有する總債權者及ひ荷送人の有する運送を中止し得へき權利にも對抗することを得

運送品所有者若くは荷受人に對して請求權を有する債權者か其請求權にもとつき運送品を回收し之れか運送賃を支拂ひたる場合に於ては運送業者の擔保權に代位せらるへき位地に立つことゝなるなり

擔保權の拋棄

運送業者は合意若くは任意の占有拋棄によりて其擔保權を拋棄することを妨けす

貨物引換證若くは運送契約に於て擔保權と相牴觸する特約を爲したる場合に

於ては運送業者は其擔保權を拋棄したるものと看做さる
運送業者か運送品の引渡を爲すこと能はさる場合に於ては運送品を倉庫營業者に託して保管せしめたるときは倉庫營業者は運送業者の運送賃に對する擔保權を留保し而て倉敷料に對する自己の擔保權を有す
運送業者か運送品の占有權を有する者に對して不法に引渡されたる運送品上に擔保權を有するや否やは疑問の存するところなりとす
今日英國に於ては右の如き場合に於て運送業者及ひ旅店の主人は物上擔保權を有すと確定するに至りぬ。何となれは運送業者及ひ旅店の主人は申込を受けたる旅客又は物品を善意にて引受くへき義務を有するものなれはなり
米國に於ては旅店の主人に關しては各洲の法律皆同一なりと雖も運送業者に關しては往々異なれるものあり
運送業者は其擔保權を强行する爲めに運送品を賣却することを得す然りと雖も衡平裁判所に於てこれを法定競賣に附せしむることを得

第十一章　船舶及ひ船員

船舶が運送業者たる場合に於ては其責任は何人に歸すへきやといふ點に就ては第三章運送業者の部に於て畧述したり。而て船員の權利義務に就ては各種の題目の下に讀者は其散見するを知るへし。故に本章に於ては船舶及ひ船員の法律上の位地を述へんと欲す

凡そ船舶及ひ船舶に直接の關係を有する船員に關する原則は特別法に屬するものにして主として海上法の原則なり。然りと雖も今日に至りては慣習法上の普通裁判所に於て大に海上法の原則を採用して船舶及ひ船員に關する事件を裁判するに至りぬ

日本商法に於ては第五編海商の下に第一章船舶及ひ船舶所有者(第五百三十八條乃至第五百五十七條)及ひ第二章船員(第五百五十八條乃至第五百八十九條)に於て船舶及ひ船員の事を一般に規定すと雖も倘ほ船舶法(明治三十二年三月法律第四十六號)及ひ船員法(同年四月法律第四十七號)といふ特別法に於て詳細な

船舶

船舶の國籍

る規定あり彼是參照すへきなり

船舶は動產にして普通財產權の主體たることを得

船舶は人の如く確定せる國籍を有す。而て船舶の所有權は船舶と同一國籍を有する人に屬す

英國の國籍を有する船舶は英國人によりてのみ所有せらるへきものなりとす

日本船舶法第一條には左の規定あり

左の船舶を以て日本船舶とす

一　日本の官廳又は公署の所有に屬する船舶

二　日本臣民の所有に屬する船舶

三　日本に本店を有する商業會社にして合名會社に在りては社員の全員、合資會社及ひ株式合資會社に在りては無限責任社員の全員、株式會社に在りては取締役の全員か日本臣民なるものの所有に屬する船舶

四　日本に主たる事務所を有する法人にして其代表者の全員か日本臣民な

るものの所有に屬する船舶

舊商法の規定に從ひて設立したる合資會社に在りては業務擔當社員の全員か日本臣民なるものの所有に屬する船舶を以て日本船舶とす

北米合衆國に於ては他の多數の國に於けるか如く外國船舶をして北米合衆國内の各港間に於て物品又は旅客の運送を爲すことを許さす。然りと雖も北米合衆國と外國との間に於ては如何なる國籍を有する外國船舶と雖も物品及ひ旅客の運送を爲すことを禁せさるなり

之に關し日本船舶法には左の規定あり

日本船舶に非されは不開港場に寄港し又は日本各港の間に於て物品又は旅客の運送を爲すことを得す但法律若くは條約に別段の定あるとき、海難若くは捕獲を避けんとするとき又は主務大臣の特許を得たるときは此限に在らす(船舶法第三條)

船籍港

船舶の登記

船舶は一定の船籍港を有し船舶の積量の測度其財産權等總て船舶に關する記錄は船籍港を管轄する管海官廳に備へたる船舶原簿に登錄せらる

之に關し日本船舶法には左の規定あり

日本船舶の所有者は日本に船籍港を定め其船籍港を管轄する管海官廳に船舶の積量の測度を申請することを要す(船舶法第四條第一項)

日本船舶の所有者は登記を爲したる後船籍港を管轄する管海官廳に備へたる船舶原簿に登錄を爲すことを要す(船舶法第五條第一項)

船舶の讓渡

動產に關する一般の原則に反し船舶所有權を讓渡は賣買證書を以て之を爲し且つ船舶原簿の登錄中に記入せらるることを要す。米國に於ては此手續に依らすして船舶所有權か讓渡されたる場合に於ては其讓渡は當事者間に於ては有效なるも登記せられたる船舶所有者の債權者及ひ有償約因にもとつく善意の買主に對しては無效なりとす

之に關し日本商法には左の規定あり

船舶所有權の讓渡は其登記を爲し其船舶國籍證書に之を記載するに非されは之を以て第三者に對抗することを得す(商法第五百四十一條)

船舶の共有

船舶の所有權は共有せらるることと他の動產不動產よりも其數多し。英國に於て

は一個の船舶を六十四個に分割すへきことを想像し分割せし各個を更に分割して所有することを得さるものとす然りと雖も米國に於ては一個の船舶は如何なる比例割合に於ても共有することを得へしと爲す日本に於ても亦然り

海上法の下に於て船舶の占有及ひ利用に關する船舶共有者の權利は他の動産共有者か慣習法の下に於て有する權利とは異れり

船舶共有者か船舶の利用に關し一致を爲ささる場合に於ては海事裁判所は共有者の持分の價額に從ひ其過半數者に船舶を占有せしめ少數者の持分に對して擔保を與へしめて船舶を相當に利用し得るの權利を過半數者に與ふ

船舶共有者は船舶の利用に關しては組合員たるの關係を有す船舶發航の準備其他航海に關する費用は船舶共有者に於て其持分の價格に應し之を負擔すへきものなりとす船舶の利用より生する利益及ひ損失も亦た船舶共有者の持分の價格に應して之を分配すへきものなりとす然りと雖も船舶利用に關する不同意の少數共有者は利用に關する費用を負擔することを要せす又利用より生する利益及ひ損失の分配を受くることを要せさるものとす之に關し日本商法

には左の規定あり
船舶共有者の間に在りては船舶の利用に關する事項は各共有者の持分の價格に從ひ其過半數を以て之を決す(商法第五百四十六條)
船舶共有者は其持分の價格に應し船舶の利用に關する費用を負擔することを要す(同第五百四十七條)
船舶共有者は其持分の價格に應し船舶の利用に付て生したる債務を辨濟する責に任す(同第五百四十九條)
損益の分配は每航海の終に於て船舶共有者の持分の價格に應して之を爲す(同第五百五十條)
船舶の所有權に關しては船舶共有者は組合員の關係を有せす。故に各共有者は船舶に於ける食料又は修繕を命すへき概括的の權利を有せす從て他の共有者をして其食料又は修繕の費用を負擔せしむることを得さるなり。然りと雖も米國の或洲に於ては之れと反對の原則を採用し船舶の所有權に關しても亦船舶共有者は組合員たるの關係を有すと爲すなり

船の抵當

船舶は他の動產の如く之を抵當と爲すことを得。船舶を抵當と爲す場合に於ては船舶の讓渡の如く登記することを要す

船舶の擔保

船舶に關する擔保權は船舶及ひ運送賃に對し又時としては其積荷若くは海上の他の財產に對し生せられたる質權の性質を有す

船舶に關する擔保權を强行するには海事裁判所に於て對物訴訟により擔保權の目的物たる船舶其他の財產を競賣し其代價を以て擔保權利者の請求を支拂ふへきものとす

船舶に關する擔保權は物權なるか故に有償約因による善惡の買主に對抗することを得

船舶に關する擔保權は船舶の爲されたる勞務より生することあり。外國港(北米合衆國の各洲は此點に關しては外國港と互に看做すなり)に於て船舶に食料を供し若くは修繕を加へたる者か船舶所有者より其費用の償還を受くること困難なる場合に於ては船舶の上に擔保權を取得す。是れ米國法の原則なりと雖も此點に關しては他の多數の國に於ても同一の原則を採用せるか如し。然りと雖

も內國開港場に於ては此種の擔保權を生することなきなり
船長は航海を繼續するに必要なる費用を支辨せんか爲めに船舶を抵當として借財を爲し或は積荷の全部又は一部を質入することを得
右の船舶又は積荷の處分に關する契約は一般に船長之を爲すと雖も時として は船舶又は積荷の所有者之を爲すことあり然りと雖も所有者は內國開港場に於て此種の契約を爲すことを得す何となれは此種の契約を爲すか如き必要は內國開港場に於て生せさるものと推定せらるれはなり此種の契約を爲すには必要已むことを得さる場合ならさることを得す即ち船舶の航海を繼續する爲め若くは船舶又は積荷を保存する爲め絕對的に必要なる費用を支辨する場合なることを要す而て單に個人的の信用により借財し得へきか如き場合なるへからす尙又船長か此種の契約を爲すときは船舶所有者と通して所有者より其費用の支辨を受くへきか如き場合ならさることを要す蒸氣電信の世の中たる今日に於ては此種の契約を爲す必要昔時より大に減せしなるへし
此種の契約を爲したる船長若くは所有者又は船長並に所有者は航海の終に於

て船舶か着港せし時に其借財にて利息を附して辨償を爲すへきの義務を負ふものとす

右の場合に於て船舶か亡失して着港せさりしときは債權者は其貸與せし元金を失ふか故に此種の契約に於ては利息は普通の金錢債務より高額なり。然りと雖も利息制限法の規定は此場合には適用せられさるなり何となれは元金自身か既に危險の地位にあれはなり

此種の契約の結果として船長及ひ所有者は個人的の義務を負擔し而て債權者は船舶若くは積荷運送品の上に擔保權を取得す。而て此種の契約は常に書面を要するものとす

之に關し日本商法には左の規定あり

船長は船舶の修繕、救援又は救助の費用其他航海を繼續するに必要なる費用を支辨する爲めに非されは左に掲けたる行爲を爲すことを得す

一　船舶を抵當と爲すこと

二　借財を爲すこと

三積荷の全部又は一部を賣却又は質入すること但第五百六十五條第一項(船長は航海中最も利害關係人の利益に適すへき方法に依りて積荷の處分を爲すことを要す)

船長か積荷を賣却又は質入したる場合に於ける損害賠償の額は其積荷の到達すへかりし時に於ける陸揚港の價格に依りて之を定む但其價格中より支拂ふことを要せさりし費用を控除することを要す(商法第五百六十八條)

救助

米國に於ては共同海損を負擔すへき義務を船舶に關する擔保權に供ふ然りと雖も英國に於ては之を認めさるなり

海上に於て滅失せんとする危難に遭遇せる財産あるに當り全く之を救ふへき義務なき第三者により其危難を免かるることを得たる場合は之を救助 Salvage と謂ふ

船舶の海員は救助者たることを得す何となれは船舶及ひ積荷か危難に遭遇したる場合に於ては之れか救助を爲すことは海員の義務なれはなり

通常の場合に於ては旅客(船客)も亦救助者にあらさるなり何となれは旅客は危

優先權

難に遭遇せは自己の安全を計るを以て常とすれはなり。尤も旅客と雖も異常の勞務を爲したる場合に於ては救助者と看做さるることもあるへきなり救助者は其爲したる勞務に對して相當の賠償を受くへき權利を有す而て其賠償支拂の擔保として船舶又は積荷に對して海上擔保權を取得すへきなり

一般の原則に從へは同一物件に付き二人以上の權利を有する者ある場合に於ては先きに權利を得たる者は後に權利を得たる者より優先權を有するを常とす。然りと雖も船舶に關する擔保權に就て優先權の順序に關しては全く反對の原則を採り最後に擔保權を得たる者は前に權利を得たるすべての者に對して優先權を有す何となれは此種の擔保權を得たる救助者は救助を受けたる財產に利害關係を有する總ての當事者の利益の爲めに之を救助したるものと看做さるるなり

此種の優先權の順序に關し日本商法には左の規定あり

船舶債權者の先取特權か互に競合する場合に於ては其優先權の順位は第六百八十條に揭けたる順序に從ふ但同條第四號乃至第六號の債權間(四、水先案內料

及ひ挽船料。五、救援並に救助の費用及ひ船舶の負擔に屬する共同海損。六、航海繼續の必要に因りて生したる債權)に在りては後に生したるものは前に生したるものに先つ(商法第六百八十二條第一項)

同一順位の先取特權者數人あるときは各其債權額の割合に應して辨濟を受く但第六百八十條第六百八十條乃至第六號の債權か同時に生せさりし場合に於ては後に生したるもの前に生したるものに先つ(同條第二項)

船舶は自ら不法行爲を犯かすものと看做さる。例之一の船舶か過失に因り他の船舶に衝突を爲したるか如き場合に於ては船舶所有者若くは事實上過失を爲したる海員より獨立して船舶自身か其衝突する責任を負ふへきものとす即ちこれか爲め損害賠償の請求權及ひ賠償支拂の擔保權を設定す

船舶管理人

船舶所有者は船舶の取扱及ひ監督に關する陸上の代理人として船舶管理人即Ship's husband を撰任することを得。船舶共有者間に在ては共有者中より船舶管理人即 The managing owner を撰任することを得

船舶管理人の權限は陸上に於て船舶所有者の代理人として船舶に關する取扱

船長

及ひ監督を爲すに在り

船舶管理人に關し日本商法には左の規定あり

船舶管理人は左に揭けたる行爲を除く外船舶共有者に代はりて船舶の利用に關する一切の裁判上又は裁判外の行爲を爲す權限を有す

一　船舶の讓渡、委付若くは賃貸を爲し又は之を抵當と爲すこと

二　船舶を保險に付すること

三　新に航海を爲すこと

四　船舶の大修繕を爲すこと

五　借財を爲すこと

船舶管理人の代理權に加へたる制限は善意の第三者に對抗することを得ず（商法第五百五十三條）

船舶を指揮する職員は之を船長 Master と稱す

船長は船舶を指揮、監督し及ひ船中に在る者に對し其職務を行ふに必要なる命令を爲すことを得（日本船員法第十三條）

海員
船員

船長の下に屬する乘組員を海員 Mates と稱す

船長及ひ海員を總稱して船員 Seamen と稱す

船員とは船長及ひ海員を謂ひ海員とは船長以外の一切の乘組員を謂ふ（日本船員法第二條）

船長及ひ海員は資格試驗の上官廳より海技免狀を下附せられたるものたることを要す

海技免狀を有する者にあらされは船舶職員（船長、一等運轉士、二等運轉士、機關長及一等機關士）たることを得す（日本船舶職員法第二條）

船長及ひ海員は船舶と同一の國籍を有するものたることを要す

日本に於ては從來船長及ひ海員の多數か外國人なりしは海運事業未た進歩せさりしか爲め海技に堪能なる者少かりしか爲めなり今日は外國人の數大に減したりと雖も外國行の船舶には外國人を要する者多し今後海運及ひ海技の進歩と共に終には英國法の如く日本船舶の船員は日本人に限ることとなるへきなり。併し法律上は今日外國人の日本船舶船員たることを妨けす

船舶、乘組海員、旅客及ひ積荷に關する船長の權利は頗る强大にして殆んと專制に近きものなり

乘組人は其旅客たると海員たるとを問はす船長の命令に服從せさることを得す。船長は公の秩序又は船中の紀律を保持せんか爲め必要ある場合には乘組人に對して强制力を用ゐることを妨けす亦た已むことを得さる場合に於ては人命を奪ふことと雖も爲すことを得。船長は過去の不正行爲に對して旅客を懲戒することを得さるも旅客か人身又は船舶其他積荷に危害を及ほすへき行爲を爲さんとするときは船長は之を防止する爲め旅客の身體を拘束することを得。船長は紀律保持の爲め海員を懲戒し得るは勿論なり。昔時は懲戒を爲すには鞭撻を加ふることと普通の方法なりしと雖も今日は條例を以て之を禁す

紀律保持に付き船長の懲戒權に關する日本船員法の規定は左の如し

左の場合に於ては船長は海員を懲戒することを得

一　海員か上長に對し尊敬又は從順の道を失ひたるとき

二　海員か其職務を怠りたるとき

三　海員か他の海員の職務執行を妨けたるとき
四　海員か喧爭したるとき
五　海員か船長の許可を得すして船舶を去りたるとき又は船長か指定したる時までに歸船せさりしとき
七　海員か船長の許可を得すして點火又は燒火したるとき
七　海員か船長の許可を得すして端艇を使用したるとき
八　海員か食料又は飲料を濫費したるとき
九　海員か船長の許可を得すして酒類を所持するとき又は吸煙したるとき
十　海員か酩酊して事を省せさるとき
十一　其の他海員か船中の秩序に反する行爲を爲したるとき（船員法第三十六條）

懲戒は左の四種とす
一　監禁
二　上陸禁止

船長の職務

三　加役

四　減給(船員法第三十七條)

海員か兇器、爆發若くは發火し易き物、劇藥其他の危險物又は酒類を所持するときは船長に於て其物を保管又は放棄することを得(船員法第四十一條)

海員か人身又は船舶に危害を及ほすへき行爲を爲さんとするときは船長は必要の期間內其海員の身體を拘束することを得(船員法第四十二條)

船長は必要あるときは旅客其他船中に在る者に對しても前二條に定めたる處分を爲すことを得(船員法第四十三條)

船長は航海日誌 Log book を船中に備置き自ら之を保管し日日の船舶の地位其他航海に關する總ての必要なる事項を記入することを要す

日本商法には左の規定あり

船長は左に掲けたる書類を船中に備へ置くことを要す

四　航海日誌(商法第五百六十二條第一項)

船長は多數の場合に於て船舶所有者の代理人なり

船舶所有者は事實上の合意に因り自己の欲するところの權利を船長に附與することを得。夫故に船舶所有者は船舶管理人の權利と雖も之を船長に附與することを得へきなり

船長は右の如き特殊の權利を有せさる場合に於ては法律の默認により船舶所有者に代り法律行爲を爲し而て其效力を船舶所有者に及ぼすの權利を有するものなりとす。船舶所有者か自己に代り運送契約を爲すへき一定の代理人を置く場所を除くの外に於ては一般に船長か運送契約を爲すを常とす。而て船荷證券には船長か之に署名することを常なり

日本商法にも左の規定あり

船長は傭船者又は荷送人の請求に因り運送品の船積後遲滯なく一通又は數通の船荷證券を交付することを要す(商法第六百二十條)

船荷證券には左の事項を記載し船長又は之に代はる者署名することを要す(同第六百二十二條)

船舶所有者又は其一定の代理人あらさるときにして然かも必要の場合には船

長は船舶の爲めに食料、準備又は修繕の契約を爲し若くは船舶利用の爲め海員を傭入れ又は借財を爲すことを得而て船舶又は積荷を抵當と爲すことを妨けさるなり

代理人として の船長

一般の代理の原則に反し船長並に船舶所有者は右に述へたる契約を爲したる場合に於ては自ら其契約上の義務を負擔せさることを得す即ち船長は船舶所有者に代はり船舶所有者の爲めに法律行爲を爲すと雖も其效力を本人たる船舶所有者にのみ盡く及ぼさしめ自ら其效力を受くることを免るることを得さるなり

海上危險の場合に於ける船長の處分

航海を繼續するか爲め若くは船舶の安全を計るか爲め急迫已むことを得すして費用を要する場合に於て他に方法なきときは船長は積荷の全部又は一部を賣却することを得

海上危難に遭遇し航海を爲すこと能はす若し此儘に過ごさは所有者は船舶及ひ積荷の全部を失ふへしといふ場合に於て他に方法なきときは船長は其船舶並に積荷の全部を賣却することを得

船舶か航海に堪ゆへき能力を失ひ而て修繕を爲すこと能はす若くは積荷か破壞し初めたりといふ場合にして其船舶若くは積荷の所有者に此旨を通知することと能はさるときの如き是なり

右の如き急迫已むことを得さる場合に於て船長は船舶又は積荷に利害關係を有する總ての人(保險に附しあれは保險人をも含む)の爲めに善意に且つ愼重に其處分を爲すへきものなりとす

右に關し日本商法には左の規定あり

船長は航海中最も利害關係人の利益に適すへき方法に依りて積荷の處分を爲すことを要す(商法第五百六十五條第一項)

船籍港外に於ては船長は航海の爲めに必要なる一切の裁判上又は裁判外の行爲を爲す權限を有す。船籍港に於ては船長は特に委任を受けたる場合を除く外海員の雇入及ひ雇止を爲す權限のみを有す(同第五百六十六條)

船長は船舶の修繕救援又は救助の費用其他航海を繼續するに必要なる費用を支辨する爲めに非されは左に揭けたる行爲を爲すことを得す

一　船舶を抵當と爲すこと
二　借財を爲すこと
三　積荷の全部又は一部を賣却又は質入すること但第五百六十五條第一項の場合は此限に在らす(同第五百六十八條第一項)

船長か積荷を賣却又は質入したる場合に於ける損害賠償の額は其積荷の到達すへかりし時に於ける陸揚港の價格に依りて之を定む但其價格中より支拂ふことを要せさりし費用を控除することを要す(同條第二項)

船籍港外に於て船舶か修繕するとと能はさるに至りたるときは船長は管海官廳の認可を得て之を競賣することを得(同第五百七十條)

左の場合に於ては船舶は修繕すること能はさるに至りたるものと看做す

一　船舶か其現在地に於て修繕を受くること能はす且其修繕を爲すへき地に到ること能はさるとき
二　修繕費か船舶の價額の四分の三に超ゆるとき

前項第二號の價額は船舶か航海中毀損したる場合に於ては其發航の時に於け

船員の雇入

る價額とし其他の場合に於ては其毀損前に有せし價額とす(同第五百七十一條)船舶所有者は船長其他總ての使用人か職務執行中に爲したる不法行爲に對して其責を負はさることを得す。此點に關しては傭主か被傭人に於ける關係と同一原則の適用を受くへきものなり。此廣汎なる船舶所有者の責任は條例によりて大に制限せられたり

船舶所有者の慣習法並に海上法上の責任は船舶か不法行爲を爲したる場合に於ける船舶の責任とは全然區別せられさることを得す。船舶の責任は海上法の規則のみの適用を受くへきなり

港灣又は湖川のみを航行する船舶を除き船長及ひ海員は合意書面により雇入らるるを常とす

海員の雇入若くは雇止を爲し又は雇入契約の更新若くは變更を爲したるときは管海官廳に海員名簿を提出して公認を申請することを要す(日本船員法第二十六條)

契約の違反は犯罪に非らすして雇傭契約は特に强制することを得すといふ一

般の原則に反し船員の場合に於て雇入契約に違反し船長か船舶を遺棄し海員か脱船したるときは犯罪者として處罰を受け且つ捕縛せられて船舶に送還らるへきものなりとす

船長か正當の理由なくして船舶を遺棄したるときは一月以上二年以下の重禁錮に處す(日本船員法第六十五條第一項)

海員か脱船したるときは十一日以上六月以下の重禁錮に處す(同法第六十四條第二項)

然りと雖も海員は正當の理由ある場合に於ては雇入期間滿了前と雖も船籍港外に於ては領事に其雇止を請求することを得

例之海員か給料の支拂を受けす又は船長より虐待を受けたるか如き場合是なり

日本商法には左の規定あり

左の場合に於ては海員は其雇止を請求することを得

一　船舶か日本の國籍を喪失したるとき

二　自己の過失に因らすして疾病に罹り又は傷痍を受け其職務に堪へさるに至りたるとき

三　船長より虐待を受けたるとき

前項の場合に於ては海員は其雇止の日までの給料及ひ雇入港までの送還を請求することを得(商法第五百八十三條)

海員の擔保權

海上法によれは船舶か航海を終りて着港し而て運送賃か支拂はれたる場合にあらされは海員は其給料を請求することを得す即ち運送賃は給料の母なり Freight is the mother of wages との原則を採れり是れ海員をして其職務に忠實ならしむるを擔保するの趣意に出てたるも權利義務の法律觀念より視れは不當の原則なるを以て今日英國に於ては條例の下に此原則を廢止するに至りぬ

海員は其給料に對し船舶及ひ運送賃の上に擔保權を有す

海員は無智且つ無頓着なるを常とするか故に之を保護せんか爲め數多の條例規定あり例之海員に不利益なる契約に誘引せさらしめんか爲め又は虐待を発かれしむる爲め其他生命の安全及健康に關し種種の保護規定あり

船員の不法行爲

船長及ひ海員か船舶所有者の同意を得す且つ所有者に對する義務に違反して不法行爲を爲し遂に其船舶を滅失せしめたる場合に於ては之を船員の不法行爲 Barratry と稱し船員其責に任し運送業者は其責を免るゝことを得へし

船員か船舶を遺棄し又は之を賣却し或は密輸出入を爲し或は封鎖を破りて船舶の沒收を招くか如きは船員の不法行爲なり。然りと雖も單に船員の過失に因り船舶を滅失せしめたるか如きは船員の不法行爲にはあらさるなり

水先案内

商取引頗る頻繁なるも其出入困難なる場處に於ては水先免狀を有する水先案内者なるものあることを常とす。此の如き場處を出入する船舶は水先案内者を雇入るゝことを要す水先案内者なくして出入する者は罰金に處せらる。水先案内者か乘船せる間は船長を除き船舶の航海に關する指揮權を有す。然りと雖も水先案内者の雇入か强迫的なりし場合に於ては水先案内者は船舶所有者の代理人にあらさるか故に水先案内者の不法行爲に對し船舶所有者は其責に任せさるものとす

船舶の艤装及ひ航路準備

船舶の艤装及ひ積荷の有樣等か安全にして航海に支障なきや否や其他航海に

必要なる準備の整頓せるや否やを撿査すへき條例の規定あり。其他船舶燈光、挽船料、二個の船舶相會せるとき取るへき航路、觀樓、諸種の信號等に關する航海規則の精細なる規定あり其一部は慣習法より成るも多くは條例の規定にもとつくものとす

航路を脫する場合

船舶か航海を遂行するには通常通過する最短距離にして且つ眞直なる航路を取るへきものとす。任意に且つ必要なきに此航路の外に出つる場合に於ては不法の行爲にして之れか爲めに受けたる積荷の損害に對しては運送業者は賠償責任あり。然りと雖も暴風雨の爲め捕獲を免かれんか爲め危難に遭遇せる他の船舶を救援せんか爲め其通常航路の外に出るか如きは不法の行爲にあらす從て運送業者は之に對し責任を負はす

船舶か食料を得んか爲め又は修繕を爲さんか爲め其他敵人の危害を避けんか爲め必要已むことを得さる場合に於て目的地以外に寄港して碇泊せさるへからさるに至りたるときは船長は航海を遂行するに至るまて相當期間積荷を留保することを得。船舶か航海に堪ふることを能はさるに至るか若くは或理由に因

り航海を繼續することを能はさるに至りたる場合に於て荷受人か事實上航海の終了したる場所にて運送品を受取ることを同意したるにあらされは他の船舶により航海を繼續することを得へきときは船長は運送品を他の船舶に移して航海を繼續せしめさることを得さるなり。此場合に於て他の船舶に移して運送品を運送することを能はさるに至りたるときは船長は適當なる場所に於て之を保管し其旨を運送品所有者に通知することを要す而て必要の場合に於ては前述せしか如く運送品若くは船舶を賣却することを得

第十二章 共同海損

General averag

共同海損の定義

共同海損とは船舶及ひ積荷か共同の海上危險の爲め將に全部の滅失を生せんとするに當り船長か任意に其船舶若くは積荷の一部を滅失せしめ以て殘部の保存を計るの處分に因りて生したる損害及ひ費用を謂ふ。故に共同海損とは海上運送の場合に限るものなりとす

日本商法は共同海損に付き左の定義を下す

船長か船舶及ひ積荷をして共同の危險を免れしむる爲め船舶又は積荷に付き爲したる處分に因り生したる損害及ひ費用は之を共同海損とす（商法第六百四十一條第一項）

共同海損は之に因りて保存することを得たる船舶又は積荷の部分及ひ之に因りて滅失せられたる部分か損害に對する割合に應して分擔せらるへきものなりとす

日本商法には共同海損の分擔に付き左の規定を設く

共同海損は之に因りて保存することを得たる船舶又は積荷の價格と運送賃の半額と共同海損たる損害の額との割合に應して各利害關係人之を分擔す（商法第六百四十二條）

共同海損の管轄權

共同海損に關する原則は固と海上法に屬するものなり。同法によれは共同海損の分擔義務は契約に因るものにはあらす。然りと雖も今日に至りては共同海損の問題は海事裁判所の管轄を脫し慣習法上の普通裁判所の管轄するところとなれり故に今日英國に於ては共同海損の原則は慣習法に屬す。共同海損分擔の權利は默示の契約中に含まるゝものと認められ之に關するの訴訟は慣習法上の普通裁判所に提出せられ契約訴權の形式を備へさることを得す而て分擔義務支拂の擔保權は慣習法上の擔保權なりとす

米國に於ては英國に於けるか如く共同海損に關するの問題は普通裁判所の所轄なりと雖も海事裁判所も亦之れか管轄權を有し海上法の原則を適用し從て海上の擔保權なるものあるなり

共同海損の原素

共同海損といふ用語中には左の三原素を含む

一、共同海損の行爲

二、共同海損の損害

三、共同海損の分擔

一部海損若くは個々の海損 Partial or particular averag といふ用語海上保險法中にあり是共同の海損にあらさる一部の海損なりとす

一、共同海損の行爲

共同海損の行爲

共同海損の行爲とは船長か船舶所有者の代理人たる普通の職務行爲以外に於て船舶及ひ積荷か共同の危險に遭遇し其全滅を生せんとするに當り之を防止せんか爲め已むことを得す爲したる處分にして有意任意の行爲を謂ふなり

右の定義に從へは

(一)　共同海損の行爲とは人の任意の行爲ならさることを得す

暴風雨若くは怒濤起て帆檣を挫き積荷の一部を洗去るか如きは共同海損の行爲にあらす

船長か切迫の場合に於て已むことを得すして自ら帆檣を斷ち積荷の一部を撥棄するか如きは共同海損の行爲なり

船舶中の失火を消さんか爲めに用ゐられたる水か他の積荷を害したりといふ場合に於ては個々の海損なりと認むるを以て正當と爲すと雖も多數の判決例に於ては之を共同海損なりと認む

右の場合に於ける失火により受けたる損害は人の任意の行爲より出てたるものにあらさるか故に共同海損にはあらさるなり

(二)　共同海損の行爲は船長の普通の職務上の義務行爲の範圍外の行爲ならさることを得す

敵人に抵抗せんか爲め受けたるところの損害の如きは共同海損の問題にはあらさるなり

船舶か帆を失ひ又は帆を使用すること能はさるに至りたるか爲めに石炭を豫定外に消費したる場合に於ける石炭の豫定外消費は分擔せらるへき共同海損にはあらさるなり

船舶か航海中沈没せんとし乗組船員之を浮動せしむること能はさる場合に於て定員外に人を雇入れ之を引揚くる爲めに生せし費用又は偶然石炭か續々火竈中に流注し爲めに積荷及ひ長材を燒失するに至りし損害の如きは共同海損分擔の問題とはなるなり

昔時一船舶か敵人の襲ふところとなりしに時深夜にして暗黑なりしかは船長頓智を振ひ甲板上に搭載せる長大の端艇を卸し之に帆檣と燈光とを備ひ海中に浮はしめ而て船舶中の燈光を消し其航路を變更して去れり。敵人は端艇を船舶なりと誤認し之を追襲尾擊したる爲め船舶は敵人の難を逊るゝことを得たり。此場合に於て端艇の滅失は共同海損分擔の問題とはなれり

(三)共同海損の行爲は共同の利益の爲めに爲されたるものなることを要す

兇徒あり麥船を襲ひ麥を廉價に賣渡さんことを船長に迫まれり。此場合に於ては何等の共同海損の問題起らす。然りと雖も船長か敵人の手に落んことを避けんか爲め船舶に載せたる貨幣を海中に投棄したり。此場合に於ては共同海損の問題を生す

(四)共同海損の行爲は船舶及ひ積荷の全部の滅失を防止せんか爲めに爲されたるものたることを要す

(五)共同海損の行爲は船舶及ひ積荷の全部の滅失を防止せんか爲め一部の滅失を爲したることを要す

船長か共同海損の行爲を爲すには正當なる判斷により之を決行せさることを得す。豫め共同海損の場合に於て一部滅失の犧牲と爲すへき物件を商議撰定し置くか如きは正當なる判斷によりて決行したるの證據となるへきなり。然りと

雖も此點に關しては一定の據るへき規則はなきなり。亦た船長か共同海損の行爲を爲すに際しては海員と商議の上之を決行せさるへからすといふか如き一定の規則も存せさるなり

共同海損の損害

二、共同海損の損害

共同海損の損害とは船長か爲したる處分に因りて生したる一部滅失の損害及ひ費用の問題なり

船舶又は積荷の一部を海中に撥棄するか如きは一部滅失の損害中最も普通に爲さゝるものなりとす

不當に甲板上に積載せられたる運送品の如きは撥棄せらるれは共同海損の分擔中に入るへきものなりと雖も之れか分擔に與らすと爲すを常とす。米國に於て多數判決例の認るところによれは甲板積載の運送品は其適法に運送せられたると然らさるとを論せす共同海損の分擔に與るへきものにあらす。然りと雖も此原則は海上の船舶にのみ適用せられ湖川、港灣の船舶には適用せられさるものとす

一部滅失に附隨して生する損害も亦共同海損の損害中に包含せらるへきものなり

積荷撥棄を爲すに際し引續き撥棄を爲さんか爲め甲板上に引揚けられたる運送品か突然海水怒濤の爲めに洗去らるゝか如き若くは帆檣を切斷せんか爲め船舶の他の部分に損害を被らしめたるか如きは皆な共同海損の問題となるなり

暴風雨起れるに際し必要急迫の場合に船長が船舶の一部を破壞すること即ち帆檣を切斷し錨索を切斷し若くは錨を投棄するか如きは共同海損の場合に於ける損害なり

帆檣か暴風雨の爲め破壞せられ之を切斷せさるへからさるに至りたるか如きは普通の場合に於ては共同海損の場合に於ける損害にはあらさるなり

任意に船舶を陸岸に打上けたるか如きは共同海損の場合に於ける損害なりや否や疑問の存するところにして學說及ひ判决例の未た一致せさるところなりとす

此疑問に對しては英國に於ては營業者間にては一般に之を共同海損の場合に於ける損害なりと認む

米國に於ては之を共同海損の場合に於ける損害なりと認め此疑問を一决するに至りぬ

共同の利益の爲めに生し而て運送業者か負擔すへき契約の存せさる特別費用は共同海損の場合に於ける損害なりとす

船舶か共同の安全をはかるため避難所に入港せさるへからさるか如き個々の海損により損害を受けたる場合に於て其入港に關する費用即ち水先案內料及ひ換舟料の如きは共同海損に於ける損害なり

積荷若くは食料か船舶及ひ積荷の共同の利益の爲めに積卸さゝるへからさる場合に於ては積卸の費用は共同海損の損害なり

然りと雖も積荷若くは食料か船舶若くは積荷の爲めにのみ積卸されたる場合に於ては積卸の費用は共同海損の損害にあらす。積荷を倉庫內に保管するの費用は單に積荷の上に存し而て積卸したる運送品を再ひ積揚け又は入港したる

船舶を再ひ出港せしむるの費用は運送賃の上に存するものとす併し再度の積揚の費用に關しては疑問の存するところなりとす

原危難により共同海損の問題既に生しあらは右列擧せしところのすへての費用は皆な共同海損に於ける損害なりと信す

救助さるへき損害か共同海損なるにあらすんは船舶の修繕は共同海損にあらす、凡そ船舶を修繕すへきは運送業者の當然の職務執行に屬すれはなり

米國に於ては船舶をして其航航を遂行せしむる爲めにのみ必要なる修繕にして一時的の利益ありて永久的の利益とならさるものは共同海損に於ける損害なりとす

已むことを得す船舶か修繕を要する場合に其航路を變し船員の爲め定額以外の給料及食料を給すへきときは其修繕か共同の危險を避け共同の利益の爲めに必要ならは其定額以外の給料及食料は共同海損の損害なりとは英國にて認めらるゝところなり米國に於ても亦此原則を採用す

然りと雖も旅客の豫定以外の費用は共同海損の損害に非らす

救助費及ひ救助費の性質を有する勞務の報酬の如きは共同の利益の爲めに要せられたるものなるときは共同海損の損害なりとす

一船舶か「アイルランド」の海岸に打上けられたる爲め其積荷を陸上して之を倉庫中に保管し船舶を浮はしめ修繕の爲め之を「リヴアープール」に挽き行きたり是れ全く船舶の爲めのみに爲されたるものにして共同の利益の爲めに爲されたるものにあらす從て共同海損の問題にはあらさるなり

右と同一事實にして判決の異なれるものあり云く積荷を船舶より移して之を陸上し而て船舶を浮はしむるか如きは船舶をして其航海を繼續遂行せしむるに要する行爲の一部にして分離して論すへからさるものなり故に其行爲の一部は共同海損の行爲たるを妨けす從て之に要する費用は共同海損の損害たるを妨けす

敵人の手中に歸することを避けんか爲め海中に投棄せられたる貨幣は共同海損の損害に非らす

特別異常の損害なりと雖も運送業者により爲されたる契約の範圍內に屬すへ

きものなれは共同海損の損害にはあらさるなり

帆、帆檣、帆架、横柱等の破損及ひ之を修復するの費用其他一般の海上の普通の危險によりて生せられたる修繕費の如きは船舶所有者の負擔にして共同海損の損害にあらす

敵人に抗せんか爲めに生したる損害及ひ其損害を修繕する費用の如きは共同海損に於ける損害にあらす

船舶か食料を得んか爲めに入港する費用入港撿疫期日間の碇泊により生せし費用、氷雪風雨の爲め閉込められ其他碇泊猶豫より生したる費用の如きは共同海損に於ける分擔損害にはあらさるなり

共同海損の分擔

三、共同海損の分擔

共同海損の場合に於ける危險に遭遇せる船舶及ひ積荷の持分のみか共同海損の分擔に接すへく危險去りし後積載せられたる運送品の如きは其分擔に與らさるなり

然りと雖も一部滅失の犧牲となり而て賠償を受けし積荷も亦共同海損の分擔

共同海損の分擔額の割合

に與るへきものなり

商業の目的の爲に積載せられたる運送品は共同海損の分擔に與るへきも旅客の手荷物若くは衣服の如きは與らさるものなりとす

共同海損の分擔は船舶又は積荷の價格の割合に應すへきものにして其容積又は重量の割合に應すへきものにはあらさるなり

船舶に備付けたる武器及ひ食料は共同海損の分擔に付き其價額を算入せす

日本商法の規定を見るに第六百四十二條に於て共同海損は之に因りて保存することを得たる船舶又は積荷の價格と運送賃の半額と共同海損たる損害の額との割合に應して各利害關係人之を分擔すとあり又第六百四十五條に於て船舶に備付けたる武器、船員の給料及ひ旅客の食料並に衣類は共同海損の分擔に付き其價額を算入せす但此等の物に加へたる損害は他の利害關係人之を分擔すとあり

手形類は一般に共同海損の分擔に付き其價額を算入せす何となれは手形類は之を失ふも爲めに債務は消滅せされはなり、併し米國に於ては銀行手形は其價

額を算入す
甲板に積込みたる荷物は一般に共同海損の分擔に其價額を算入せすと雖も之を算入すへきものなり
船舶は共同海損の分擔に其價格を算入す
運送賃は一部滅失の爲めに犧牲に供せられたる積荷の運送賃を併せ其犧牲により利益を受けたる範圍內に於て共同海損の分擔に與るへきものなりとす
船荷證券に於て除外せられたる原因により生せられたる損害に付ては船舶所有者及ひ荷送人間に分擔につき差異なきものなりとす
自己の不法行爲により損害を生せしめたるものは分擔者中に入らす
一部滅失の犧牲に供せられたる物か危險の一部たる場合に於ては其價格は共同海損中の分擔中に算入せらる即ち總ての持分か損害の分擔に與るへきなり。而て此場合に於ける分擔は共同海損により保存することを得たる危險の部分に限るものなりとす
共同海損の爲め要せし費用は之に因りて何物も保存せられさりし場合と雖も

其分擔に與る

共同海損の犧牲となりたる積荷の價格は航海か事實上終了せし地に於ける價格とす但運送賃、租稅及ひ陸揚費其他滅失又は毀損の爲め支拂ふことを要せさりし一切の費用は控除せらるへきものとす。然りと雖も船舶か發航地に引返へして其處にて航海を終了したる場合に於ては積荷の原價に積載費及ひ保險料を加へて積荷の價格とす

共同海損の爲めに撥棄せられたる積荷は棄物にはあらさるなり即ち無用なりとして遺棄し去られたる物件にはあらす。後日拾揚けられたる場合に於ては救助費を除き之れか代價を回復することを得

積荷か共同の利益の爲めに賣却せらるへき場合に於ては積荷の價格は賣買價額若くは指定地に於ける實價中何れか所有者の自由の撰擇に任すへきものなりとす。然りと雖も積荷か指定地に到達せさりし場合に於ては其賣買價格を以て積荷の價格とす但運送賃、租稅及ひ陸揚費用は之れより控除せらるへきなり

船舶に對する損害か修繕せられたる場合に於ては其損害の額は修繕費により

見積らる。木船の破損か修繕せられたるときは其修繕費は新造價格の三分の一減に見積らるるものとす然りと雖も鐵船の場合に於ては然らさるなり船舶に對する損害か修繕せられさりし場合に於ては船舶に對する損害は其損害前の價格か見積られて支拂はるへきものとす

共同海損によりて保存することを得たる物件の共同海損分擔價格は一部滅失及ひ費用により異なれり

一部滅失の場合に於ては積荷の分擔額は運送賃、租税及ひ陸揚費用を控除したる海損精算地の價格に從ふ。積揚の地に於ては受けたる損害を除き保險を附せさる積荷原價を其價格とす。共同海損の爲め撥棄せられたる積荷はこれと同一原則により分擔額を定む

運送賃の分擔額は既に陸揚せられたる積荷の運送賃及ひ前納せられたる運送賃を除き救助か必要なりし場合に於ける危險に遭遇せし運送賃の全額とす但運送賃を得る爲めの船長及ひ船員の給料はこれより控除せらるへきものなりとす

運送賃か既に爲したる運送の割合に應して支拂はれたるときは其支拂はれたる額に付てのみ分擔せらる。同一の航海に於て得られたる運送賃のみか分擔を受く。米國に於ては船員の給料及ひ費用に付ては三分の一乃至二分の上を控除す其割合は各州により異なれり

傭船契約に於て船舶か往復共に雇入れられたる場合に於て船舶か發港地に歸着せされは歸路の運送賃は支拂はすと約したるときは歸路の運送賃も亦往路航海に於ける共同海損の損害を分擔すへきものなりとす。然りと雖も反對の判決例もなきにあらす

費用の場合に於て船舶の分擔額は費用を要せし時に於ける船舶の價格なりとす

一部滅失の場合に於て船舶の分擔額は航海終了の時に於ける船舶の價格とす

船舶か航海中消費したる食料の如きは船舶の價格中に算入せす

共同海損の精算

共同海損の精算 Adjustment とは支拂はるへき額及ひ受取らるへき額を精確に算入するを謂ふ

精算方法

共同海損の精算事務は普通の場合に於ては共同海損精算人 Professional average adjuster により取扱はる。然りと雖も當事者は之を裁判所に提出して法定の精算を請求することを妨けす

英國に於ては共同海損の訴訟は默示契約の下に普通裁判所に提起せらる。然りと雖も米國に於ては慣習法若くは海上法の支配を受くへきものとす

共同海損の精算は左の方法に據る

(一) 分擔せらるへき損害の計算

(二) 分擔すへき物件の價格の計算

(三) 損害と價格との比例

損害と價格との比例は左の式に據る

合計價額 ： 合計損害 ：： 各人之利益 ： 各人之損害

共同海損の精算は航海か事實上終了せし地に於て所在地法によりて決行せら

るへきものなり一時船舶か碇繋せらるゝが如き地に於て決定せらるゝものにあらさるなり

英國に於ては共同海損の問題は普通裁判所若くは衡平法裁判所に於て決せられ而て船長は慣習法上の擔保權を有す、海事裁判所に於て此問題に關するの管轄權なく從て海上法上の擔保權存せさるなり

米國に於ては海事裁判所も亦此問題の管轄權を有し而て海上法上の擔保權、存す

一般に船長は積荷の引渡を爲す前に共同海損支拂の證書を作成すへきものなりとす

船長か共同海損支拂を擔保するに必要なる行爲を爲すことを怠りたる場合に於ては船舶所有者は其責に任すへきものなりとす

日本商法の規定

日本商法の共同海損たる損害の額及ひ其分擔額に關する規定は左の如し

共同海損は之に因りて保存することを得たる船舶又は積荷の價額と運送賃の半額と共同海損たる損害の額との割合に應して各利害關係人之を分擔す（商法

第六百四十二條）

共同海損の分擔額に付ては船舶の價額は到達の地及ひ時に於ける價格とし積荷の價額は陸揚の地及ひ時に於ける價額とす但積荷に付ては其價格中より滅失の場合に於て支拂ふことを要せさる運送賃其他の費用を控除することを要す（商法第六百四十三條）

前二條の規定に依り共同海損を分擔すへき者は船舶の到達又は積荷の引渡の時に於て現存する價額の限度に於てのみ其責に任す（商法第六百四十四條）

船舶に備附けたる武器、船員の給料及ひ旅客の食料並に衣類は共同海損の分擔に付き其價額を算入せす但此等の物に加へたる損害は他の利害關係人之を分擔す（商法第六百四十五條）

船荷證券其他積荷の價格を評定するに足るへき書類なくして船積したる荷物又は屬具目錄に記載せさる屬具に加へたる損害は利害關係人に於て之を分擔することを要せす、甲板に積込みたる損物に加へたる損害亦同じ但沿岸の小航海に在りては此限に在らす、前二項に掲けたる積荷の利害關係人と雖も共同海

損を分擔する責を免るゝことを得す(商法第六百四十六條)

共同海損たる損害の額は到達の地及ひ時に於ける船舶の價格又は陸揚の地及ひ時に於ける積荷の價額に依りて之を定む但積荷に付ては其滅失又は毀損の爲め支拂ふことを要せさりし一切の費用を控除することを要す(商法第六百四十七條第一項)

船荷證券其他積荷の價額を評定するに足るへき書類に積荷の實價より低き價額を記載したるときは其積荷に加へたる損害の額は其記入したる價額に依り之を定む、積荷の實價より高き價額を記載したるときは其積荷の利害關係人は其記載したる價額に應して共同海損を分擔す、前二項の規定は積荷の價額に影響を及ほすへき事項に付き虚僞の記載を爲したる場合に之を準用す(商法第六百四十八條)

第六百四十二條の規定に依りて利害關係人か共同海損を分擔したる後船舶、其屬具若くは積荷の全部又は一部か其所有者に復したるときは其所有者は償金中より救助の費用及ひ一部滅失又は毀損に因りて生したる損害の額を控除し

たるものを返還することを要す(同第六百四十九條)
尙ほ日本商法の共同海損に關して準用せらるへき規定は左の如し
貨幣、有價證券其他の高價品に付ては荷送人か運送を委託するに當り其種類及ひ價額を明告したるに非ざれば運送人は損害賠償の責に任す(同第三百三十八條)
本章(海、損)の規定は船舶か不可抗力に因り發航地又は航海の途中に於て碇泊を爲す爲めに要する費用に之を準用す(同第六百五十二條)

第十三章　旅客運送

凡そ運送に二種あり(一)、物品の運送(二)、旅客の運送是なり。物品の運送に關し運送業者の權利義務並に物品に對する利害關係人の權利義務に就ては前數章に於て論述したり。本章に於ては專ら旅客運送に於ける法律關係を述へんと欲す。物品の運送は物を以て運送行爲の目的とし旅客運送は人を以て運送行爲の目的とす兩者の法律關係の相異るは自然の數なり

旅客

本章に於て旅客と稱するは人あり直ちに旅客たらんとの意思を有して之を表示し而て運送業者も亦旅客として其人を引受けたる場合たることを要す單に後日旅客とならんとの意思を運送業者に通知し若くは表示したるのみにては其人は未た旅客といふことを得さるなり即ち運送業者の停車場若くは發航所以外の場所に於て切符を購へたる者又は後日之を使用せんとの意思にて切符を購へたる者は運送業者にあらす

運送業者の船車に不法に乘入り旅客として運送業者に引受けられさりし者は旅客にあらす即ち無錢乘入の無賴者又は運送業者か正當に旅客として引受くることを拒みたるに拘はらす乘入りたる者の如きは旅客にはあらす

不法に他人の自由乘組切符を使用する者の如きは旅客にはあらす

三等切符を所持する者か惡意にて一等若くは二等列車に乘入りたるときは一種の詐僞行爲にして運送契約を無効となすものなり然りと雖も其錯誤に出てたる者は旅客たるを妨けす

運送業者の使用人にして常に其船車に乘組むへき職務を有する者の如きは旅

客にあらす

運送業務にあらさる他の使用人か便宜上運送業者の船車に乘組みて其使用の勞務を爲すか如きは旅客なり

鐵道列車中に於て新聞雜誌類を賣捌くことを許されたる者は有償にて其特許を得たるにもせよ旅客と稱することを得す

運送業者か旅客として人を引受るには必すしも其人と運送業者との間に契約あることを要せす。運送業者の義務は契約にもとつかさるものもあり得るなり

運送業者と第三者との間の契約に因り乘込む者も旅客たることを妨けす例之郵便役員其他政府と運送業者との契約に因り乘込む政府の役員の如き是なり

日曜日に於て不法に旅行する人(其運送契約は無效なり)も亦旅客たるを妨けす而て契約にもとつかさる運送業者の義務違背により生せしめられたる損害を賠償せしむるの權利を有す

旅客は必すしも運送賃を拂ひ又は拂ふことを約するを要せす、旅客は無償にて運送せらるゝことを妨けす

人あり運送業者の船車に其身を乘入れ事實上運送せらるゝの故のみを以て直ちに旅客と稱することを得す必すや運送業者か其人を旅客として引受くることを承諾せさることを得す而て其承諾の同意は運送業者若くは運送業者の爲めに爲すへき權利を有する者により與へられさることを得す

運送業者か旅客運送の爲めに特定せる場所内に事實上運送せらるゝの人は旅客なりと看做すことを得然りと雖も特定場所以外に於ては特に運送業者の招致若くは運送業者の爲め招致を爲すへき權利を有する者の招致により乘込たる場合にあらさるよりは旅客と看做されさるなり

鐵道會社か其普通列車中に旅客を運送するを常とし其特別列車中には之を運送することなかりき然るに人あり特別列車を自己の乘るへき普通列車なりと誤信し之に乘込みたり此場合に其人は旅客たるを妨けす

人あり鐵道會社より切符を購ひ郵便列車に飛乘りぬ而て其人は其列車か郵便車にして之に乘込むの權利なきを知れり此場合に於て其人は旅客にはあらさるなり

鐵道會社の普通の使用人は異常の場處に於て人を招致して旅客と爲さんとするの權利なきなり併し列車の車掌は之れか權利を有するの推定を受く故に反對の通知に接せさるの人は車掌か旅客たらんと欲する人を招致するの權利を有することを推定するを得。船舶の船長の如きも亦此種の權利を有す

鐵道の貨車か片寄せらるゝの際貨車長の許可を得て車中に乘上る小供の如きは旅客にあらす、貨車長は小供を車上に招致するの權利なきなり

機關師の許可を得て機關車の鐵架に乘れる人は旅客にあらす

旅客は必すしも事實上運送業者の船車にあることを要せさるなり

原告か被告の馬車に相圖して之を留めて乘らんことを求め將に之に乘入らんとするの際御者か突然馬に鞭て馬車を發せしめたるか爲め原告は路傍に倒されて負傷したり。此場合に訴訟起り原告は旅客なりとの判決ありたるなり

鐵道會社か其停車場と一村落との間に旅客車を備付け之を走らせんか爲めに人を使用し居り此旅客車にて鐵道旅客を運送し來れり。原告か停車場に至

らんか爲めに旅客車に乘りしか未た運送賃を拂はす切符を購はす停車場に至る途中にて旅客車取扱の不都合より負傷するに至りぬ此場合に於て負傷者も亦旅客なりとの判决を受けたり

鐵道會社の所有に屬せさる客車に乘る人も亦其鐵道會社の旅客なり

鐵道會社の列車發車前相當の時に停車場に至り切符を購ふ者は直ちに旅客と爲る然りと雖も其發車前不相當の長時間停車場にある間は未た旅客と稱することを得さるなり

切符を購はすと雖も旅客たらんとするの意思を表示すへき或行爲を爲し而て運送業者も旅客として引受けんとするの意思を表示したるときは其人は旅客となることを得例之切符を賣らさる停車場に至り待つ間に荷物を抑留するか如き是なり。然りと雖も右の如き行爲なく又た當事者か旅客たらんとの意思を表示せさる場合に於ては旅客として招致せらるへき人たるの地位に立つに過きす。最も此種の人を旅客なりとなすの判决例なきにあらさるも其當を得さるものなりと信す

旅客たる資格の終了

一時停車場に出つる旅客は少くも運送業者の場屋内にある間は依然旅客なり又運送業者か旅客を招致する場所に至るも亦旅客たる資格を失はす例之運送業者の撰定せる食事所に至るか如きは爲めに旅客たるの資格を失はさるなり

旅客たるの資格は左の事由に因りて終了す

(一)旅客か指定地に到達したるとき

(二)或理由に因り旅客か豫期せし時間に指定地に到達せさりしとき

例之人あり市街鐵道馬車を出て通路に歩み行かんとして馬車を去ること六尺位の場所に至りし際御者の過失に因り馬の爲めに負傷を被むるに至りぬ此場合に於て負傷者か傷を受けし當時最早旅客にあらすとの判決を與へられたり

旅客たらさるの人は運送業者の場屋内に至らんことを招致せられたるの人若くは事務の委任者なり運送業者の此人に對する義務は普通慣習法の原則に支配せらるゝに過きさるなり

旅客運送業者の義務

一般に旅客の運送業者の義務は物品の運送業者の義務と同一なり、旅客の運送業者は其客室の設備を有する範圍内に於ては旅客たらんことを請ふ凡ての人を引受け之を運送すへきの義務あり

然りと雖も旅客の運送業者は相當にして理由ある原因存するときは旅客を拒絶することを得

例之(一)旅客の爲め客室なきとき(二)當事者か運送賃を拂はさるとき(三)運送業者の定めたる相當にして適法なる手續に服せさるとき(四)泥酔者(五)暴行者(五)傳染病者(六)垢汚甚しく不潔なる者(七)發狂其他精神錯亂者(八)他の旅客を害せんか爲め入り來りし者(九)運送業者の業務執行を害せんとする者(十)淫を鬻き其他不法の行爲を船舶中に行ふ者若くは行はんか爲めに入り來りし者の如きは運送業者は拒絶することを得

運送業者は旅客に數等の階級を設け之に應すへき設備便宜を供し之に應ずへき運送賃の額を定むることを得

運送業者か一旦旅客として人を引受けたる場合に於ては其初め拒絶せしなる

へしと思はるゝ者と雖も苟くも不法の行爲を爲さゝる限りは運送業者は之を拒絶することを得さるなり

人あり船舶中に旅客として引受けられたり其後船長か其掏取者なることを知り其未た不法の行爲を行はさるにも拘らす之を上陸せしめたり此場合に運送業者は正當の理由にもとつかさるものなりとして其運送拒絶を不當と判决せられたり

旅客か不法の行爲を行ひたるときは運送を拒絶せらるへし

旅客の行爲甚しく秩序を害すへきものなるときは其運送を拒絶することを得

一旅客か他人に危害を及ぼすへき行爲を爲す場合に於てはたとひ其行爲明瞭に外面にあらはれさるときと雖も之を拒絶することを妨けす

單に微醉を帶ひ又は其態度の野卑なるの故を以て直に之を拒絶することを得さるなり

食事の下賤鄙拙なるの故を以て之を拒むか如きは理由なきことなり

旅客か會社所定の正當にして適法なる手續規則に服せす若くは運送賃の支拂を拒みたる如き場合に於ては運送業者は其船車より謝絶することを得

鐵道會社の場合に於ては旅客か或爲すへき行爲を爲さゝりしか爲め運送を拒絶せられ車外に出されんとして列車か止まりたるに當り旅客か更に怠りし行爲を爲さんことを申込み車中に留まらんことを請求するの權利なきなり。其後に至り此人停車場に赴き再ひ旅客たらんことを求むる場合に於て運送業者は此人か旅客として引受くるに不適當なる人たることを表示したるときは之を拒絶することを得之に反して此人か旅客として引受くるに不適當なる人たることを表示せさるときは之を拒絶することを得す

或地方に於ける條例を除きては運送業者か旅客を拒絶して之を船車外に逐出すには必ならす碇泊所又は停車場に於てすへしとの規則は存せさるなり併し安全にして適當なる場所に於てすへきや勿論なり

運送業者か旅客を船車外に逐出すには適當なる方法に於て爲さゝることを得す不必要なる腕力を弄し若くは凌辱を加ふへからす

運送業者か旅客をして危險に陥らしむるか如き場所と方法に於て逐出したるときは旅客は腕力に訴へて之に抵抗することを妨けす。若其危險か生命に關するか如き場合に於ては旅客は殺人者に對する抵抗を以て運送業者に向ふことを得例之疾走しつゝある列車外に旅客を逐出さんとするか如きは確に生命に關する場所と方法とに陥らしむるものなり。旅客は不法なる行爲を以てせらるる逐出には抵抗することを得

運送業者は運送物品に於けるか如く旅客の安全の保險者にあらす。旅客は全然運送業者の監視の下にあらさるも自己の安全に付ては注意し得へきものなり。併し運送業者は旅客の安全に對して頗る重大なる注意を用ゐることを要す。運送業者は人力の注意の及ぶ限り先見の届く限りは旅客の安全を計るへきものなりとの言は數々用ゐらるるところなりと雖も此言は精確にあらす何となれは運送業者は思慮の及ぶ限りの事を爲すへきの義務なけれはなり。併し運送業者は旅客の安全に關しては相當普通の注意を以て足れりとせす重大なる注意を用ゆへきなり

然りと雖も此原則は一般に其業務上盡くす能はすして普通の感覺ある人も亦全然之を爲すことを得さるか如き注意を運送業者に强請せす

此原則か運送業者に要求する注意の程度は各運送業者の財產の情況に依るものにあらす富有なる鐵道會社に要求するものは亦同しく貧困なる會社にも要求す

故に運送業者は知られ若くは想像せられ得へき最上の設備を用ゆへきことを要せす又同時にあらゆる各種の新發明を採用することを要せさるなり

運送業者は同業者間に慣習上使用せらるゝものを用ゆれは足れり

然りと雖も或新發明か同業者間に一般に使用せらるゝに至り且つ經驗上旅客の安全を增加すへきものなるときは運送業者の之を採用せさるは過失といふへし

運送業者か普通より危險なる運送の方法を使用する場合に於ては一層の注意を要すへきなり鐵道會社の如き即是なり

然りと雖も運送業者の注意により避くることを能はさるの危險は旅客自ら之に

當らさるへからす

運送に關する種々の出來事により運送業者に要する注意の程度に差異あるへきなり

直接に運送に使用せらるへき各種の裝置の有樣に關しては鐵道の線路、道床、枕木及ひ架橋、貨車、貨船其他蒸滊船の蒸滊機管の如き常に危險か知られ得へき缺點損所につきては運送業者は重大なる注意を用ゆへきことを要す

是等の點に關しては運送業者は保險者たるの責任ありとの判決例あり

併し此判決例は採用すへきものにあらす運送業者は單に重大なる注意に對し責任あるのみ

運送業者は最も愼重巧精なる試撿により發見せられ得へき缺點より生する損害に對して責任あり併し此の如くにして發見し得られさりし隱れたる缺點に付ては何等の責任なし

運送業者は堪能巧妙なる製造人より其用器を購得し堪能巧妙なる技士職人により計營布設せられたりといふ事實及ひ試撿により其缺點を發見せられたる

にも拘はらす此の如き缺點ありと想像すへき理なしといふの故を以て其責を免るゝことを得さるなり

物か運送業者の手に入りたるの後或試驗により缺點を發見すること能はさりし場合と雖も若其缺點か製造方法の過失より出てたるか若くは製造中一層の注意を以て試驗しなは發見せられ得へきものなりし場合に於ては運送業者は其缺點に對して責任あり換言すれは此點に關しては運送業者は自己に過失なしと雖も製造業者の過失に出てたるときは責任あり之を要するに此種の裝置の有樣に關する運送業者の責任に付ては自ら之を爲したると他より之を得たるとを問はす同一の責任あるものなりとす

運送業者か一般に旅客を招致すへき場屋及ひ右原則の支配を受けさる裝置に關しては運送業者は通常なる注意を用ゆれは足れり

鐵道乘客の一人か其頭上の架棚に置かれたる他の乘客の物品の墮落により負傷したり、其架棚は乘客の手荷物物品を載置せんか爲め備へられあるものなりき、此場合に於て鐵道會社は右の如き出來事を防止するには普通の注意

を用ゆへき義務あるのみ

運送業者か他の運送業者の裝置を使用する場合に於ては其裝置の有樣に關して自己の所有にかゝると同一の責任を負ふ例之一鐵道會社か他の鐵道會社の線路に自己所有の列車を走らしむるか如き場合又は他の鐵道會社の列車を曳き行き或は他の鐵道會社に屬する停車場を使用するか如き場合是なり

一村落より鐵道會社の停車場に旅客を運送すへき旅客車か船渡場を通過することと常なり、此場合に渡船會社の過失より旅客に負傷せしめたるときは旅客車所有者は其責に任すへきものなりとす

運送業者は船車進行の有樣に關しては重大なる注意を用ひさることを得す特別の場合に於て要する特別の注意又は用意は左の如し

運送業者は相當なる注意を以て其船車の出入の安全を計るの設備方法を爲しおくへきものなり、鐵道會社の場合には適當なる「プラットフォーム」を設備し置くへきものなり

旅客か「プラットフォーム」に立ち居る間に列車の通過に打たれて傷き遂に死

せり、此場合に於ては列車か常に通過せる二線路間に狹小なる「プラットフォーム」を設け旅客を害するか如きは鐵道會社は重大なる過失の責任を負ふへきなり

「プラットフォーム」なると否とを問はす旅客をして出入せしむへき場所は安全なる設備を爲すへきことと運送業者の義務なり。列車を止め停車場の名を呼ふは旅客に下車を注意するものなることと一般の事なり

鐵道會社か列車を止めて旅客に出入を爲さしむるに當ては其出入に相當の便利を與ふるやう列車の運轉を止め置かさることを得す、旅客か出入せんとする際發車せしめさるやう注意せさるへからす。若旅客の安全の爲め必要なる場合に於ては出入に關する相當の指圖を爲すへく特に「プラットフォーム」なき場所其他異常の場所に列車を停止するか如き場合には相當の指圖を爲し旅客に注意すへきや勿論なり

疾病の爲め起つ能はさる者、小供其他貧者と雖も旅行するの權を有し旅客たることを得然りと雖も運送業者は是等の人に特別の注意を爲し特別の扶助救援

を爲すへきの義務はなきなり
運送業者か其裝置の安全に付き相當の注意を用ゆへき義務中には時時其裝置の情態の如何を點撿すへきの義務を含む而て適當の點撿を爲せは發見せられ得へき裝置の缺點に付ては責任を負ふへきものなりとす。此原則は或目的を達するか爲めに相當なる注意を要すへきすべての場合に於ける一般の原則なりとす

惡漢あり列車の將に來らんとする前故意に線路を害し爲めに列車をして顚覆せしめたり其事變前までは線路の情態安全にして會社の使用人も相當なる注意を用ゐたるに拘はらす其被害線あることを覺知せさりしか如き場合に於ては會社は過失の責任なきものなり

運送業者か使用人を使役する場合には堪能にして且つ細心なる者を撰擇せさることを得す又其使用人か堪能細心なりや否やを發見するに相當なる注意を用ゐさるへからす而て安全に其業務を行ふへき旨の必要なる規則を定むるには相當の注意を用ゐへきことを要す

暴力防禦の義務

旅客の安全を計るため注意を加ふへき義務中には暴力より旅客を保護することに注意すへき義務を包含す即ち盜賊、兇徒其他暴行を爲さんとする同乘旅客の暴力より保護することを怠るへからす、此義務中には左の二個を含む

(一)暴力を加へんとすることを豫知し得へき場合には豫め之れか注意を爲すへきの義務

(二)暴力加へられ又は將に加へられんとするを防止壓抑すへき相當の所爲を爲すへき運送業者又は其使用人の義務

婦人旅客の場合には其面前にて不禮の言語擧動あるときは之を保護すへきの義務あり

傭主は其使用人の使用業務執行中に於ける不法行爲に對して責任あり然りと雖も使用業務執行外に於ける使用人の故意に出てたる不法行爲に就ては責任なし

然りと雖も運送業者の使用人か使用業務執行以外に於て旅客に暴力を加へたる場合に於ける運送業者の責任に付ては學説判決例一致せす。或判決例によれ

は此場合には一般の原則適用せられ運送業者には責任なしと他の判決例によれは運送業者は自己の使用人により暴力より旅客を保護すへき特別義務を旅客に對して有する者なり故に此場合に於ける暴力に付ては責任あり少くとも船車運轉に直接に使用せらるゝ使用人に在ては使用業務執行中なりと否とは問ふへきところにあらさるなり

使用人は其行爲の不法なると傭主の明示の指圖に背きて爲したるとを問はす主人の業務を行ふ者なり

鐵道會社の車掌か或場合に於て旅客を下車せしむへき權利を會社より附與せられ居たる場合に於て車掌か暴力を用て旅客を蹴出し又は不法に逐出したる場合に於て車掌は傭主の業務を執行し居る者なり

運送業者か重大なる注意を用ゆへき場合に於ては運送業者の過失により生せし旅客の損害につき旅客は立證方法を要せす運送業者は過失の推定を受く

運送業者は切符を賣渡したるにより其運送を直ちに開始すへし又は常用の定時刻若くは廣告時刻に發すへしとの合意を新に買主と爲したるにあらす又旅

客指定の時刻に於て到着すへしとの契約を新に買主と爲したるにもあらす、然りと雖も之に因り運送業者は相當の注意を用て相當の時刻内に發車し相當の速度に於て旅客を運送すへきことを合意したるものなり

運送業者か發着時間表を公告したる場合に於ては之に依り運送を遂行すへきの義務あり而て其公告時刻を變更したる場合に於ても亦相當の公告を爲すへきことを要す

列車の車掌か必要なきに際し故意を以て列車を長時間停止せしめ進行を爲すへきことを拒みたる場合に於ては旅客は其賠償を請求することを得

運送業者は旅客の爲め充分なる客室を備ひ相當なる供給を爲さゝることを得す而て其供給設備の範圍を超過して旅客を入るへからす。海上の運送業者は旅客の爲め相當の食物を供し睡眠洗浴の設備を爲しおかさるへからす。鐵道又は旅客車等による運送業者は旅客の座席を供給し置かさることを得す

運送業者か是等の設備供給を爲さゝる場合に於ては旅客は其運送賃の支拂を拒み又は切符を引渡すことを拒むことを得此場合に於ては旅客は直ちに其列

運送切符

車又は旅客車を去らさることを得す。運送業者か旅客に食物を供せさるときは食事の爲め慣習上定まれる停車を爲し適當の場所に於て食事を爲さしむ若旅客か下車外出して食事を爲す場合に於ては發車前發車の相當の通知を爲すへきものとす、運送業者は亦停車場に到着せしときは其通知を爲すへし

貨物引換證又は運送品の請取證の如き運送切符は證書及ひ契約の性質を有す併し其本來の重なる效用は證書たるにあり多數の運送切符も亦然り其切符面に記載若くは印行せられたるものは契約の當時に爲されたるにあらすんは契約にあらす即ち旅客か切符を購ふの當時之に氣付きて同意したるものならさることを得す、旅客か切符面に或種の契約の存することを知り之を知得するに充分の機會ありたる場合に於ては旅客か事實上之を讀みたると否とを問はす之に同意せさるにあらさるよりは同意したるものと看做さる

旅客運送の明示契約は當事者の撰擇により之を爲すことを得

契約に因り自己の責任を制限すへき旅客運送業者の權利は物品運送業者の場合に於けると同一なり

旅客運送業者は切符に關し相當の手續規則を設くることを得而て之に服せさる旅客を引受くることを拒み又は退去せしむることを得
鐵道會社か旅客に對し乘車前に切符を購ふへきことを求むるは當然の事なり併し錯誤により詐欺の意思なくして旅客か切符を所持せさるにかゝはらす乘車したる場合に於ては旅客たるの權利を有し而て運送賃を支拂はんことを申出てたる場合に於ては之を拒絕することを得す
運送業者は切符を所持せさる旅客に對して稍高額なる運送賃を支拂ふへきことを請求するを妨けす最も此場合に於ては切符を購ふへき相當の便宜の與へらるへきことを要す
運送業者は何時にても其請求に應して切符を車掌に示めすへき旨を旅客に請求することを得若旅客か之に應せさるときは退去せしむることを妨けす而て旅客か一旦之を示したると車掌か旅客の切符を所持せることを知れるとを問ふことを要せす、旅客か切符を失ひたる場合に於ては之を探すか爲め相當の機會便宜を與ふへく若旅客か之を見出し能はさりし場合に於ては更に運送賃を

旅客の荷物

拂ふか然らされは列車より退去せらるへきものなりとす
旅客か旅行の終了前若くは將に終らんとする前に引換として或請求證若くは運送せらるへき權利の證據を受取らすして其切符の引渡に應すへきや否やに付ては學說判決例一定せす、然りと雖も此場合に旅客か切符の引渡に應したるときは運送業者は其旅客の運送せらるへき者なりといふことを是認せさることを得す而てこゝに車掌の變更ありて第二の新車掌か自己の職務を遂行せんか爲めに切符を所持せさるを理由として其旅客を退去せしめ又は再ひ運送賃を支拂はしめたる場合に於ては運送業者は其責に任すへきものなり
切符を所持し若くは特別の指定地に至る運送賃を支拂たる旅客は特別の契約なくんは途中にて勝手に船車を下るの權利なきなり
切符は或期間内に於てのみ有効なりと其有效期限を制限することを得併し之に反せる判決例なきにあらす
荷物とは旅客か通常旅行中使用せんか爲めにして且つ便利なるへき物品にして旅客の携へたるものを謂ふ但商品又は旅行中使用に供せさる物品の如きは

荷物にはあらさるなり
旅行中使用せんか爲め荷具中に入れられたる貨幣の相當なる額は旅客の荷物なり併しなから旅行中の使用に供せさる多額の貨幣の如きは荷物にはあらさるなり
荷具中に入れある金時計は荷物なり
化粧鏡の如きも荷物なり
日々營業に使用する商旅客の携帶せる代價表其他の帳簿の如きもの荷物なり
旅客か自己の衣服と共に荷具中に入れたる朋友の衣服の如きは荷物にあらす
商品若くは商品の見本の如き物品を入れたる荷物は荷物にあらす
男旅客の携ふる婦人の衣服附着品の如きは荷物にあらす
小供の爲めに購ひ歸らんとする大なる翫弄品の如きは荷物にあらす
先つ事實證明せられ而後に此物品は手荷物なりや否やは其相當なりや否やの

荷物に對する運送業者の責任

問題を含まさるときは法律上の問題なりとす
荷物に關する運送業者の責任は一般に運送物品と同じく契約により生するあり又た契約によらすして生するあり契約による場合は旅客を運送すへき契約と異りたる別段の約因を要せさるなり
運送業者か旅客より引渡を受けたる荷物に關しては運送物品に對すると同一の責任を有す即運送業者は荷物の保險者にして不可抗力又は敵人等の場合にのみ責任の除外を受く
運送業者か承諾したる場合に於ては其責を負ふへき手荷物の分量及ひ價額に付き何等の制限なきなり
然りと雖も運送業者は旅客に對して相當の分量以上の荷物を拒むことを得又は相當の分量以上に對して別段の運送賃を請求することを得
運送業者は手荷物の價額を開示すへきことを旅客に請求することを得又旅客か別段の運送賃を拂はさるときは或額以上は責任を負ふことを拒むことを得
最も此問題に關しては多數の鐵道會社は規則を定め置くなり其規則か相當な

るものなれは有效なり然りと雖も此規則は旅客と運送契約を爲すの當時若くは其以前又は契約にもとつかさる運送業者の義務に付ては荷物を受取りし當時若くは其以前に旅客に通知せられたるものなることを要す

運送業者か適當に荷物たることを能はさる物たるを知りなから荷物として引受くることを承諾したる場合に於ては旅客に對して其物か荷物なりといふことを拒むを得さるなり然りと雖も旅客の詐僞により荷物として受取る能はさる物を荷物なりと欺かれ引受けたる場合に於ては全く無責任にして受寄者たる責任すら負はさるものとす。最も荷物と共に束付けられたる物若くは一見荷物の如く見せかけられたる場合の如きは之を詐僞と爲すへきや否やは判決例の未た一定せさるところなり

運送業者か引渡を受けさる荷物又は詐欺なくして引渡を受けし荷物にあらさる物品に付ては運送業者は受寄者又は他人の爲めに勞務を行はんとする者と同一の責任を有すへきなり

最も運送業者か引渡を受けたる物品なりや否やを決するには頗る困難なる問

題生す
旅客は身に纏ふ衣服又は其身邊に供ふ物即ち時計の如き懷中の金錢の如き荷物たること勿論なり
旅客あり腕に外套を擁し列車に入り其座席の側に置き下車の際之を其儘打忘れをけり爲めに後に盜難に罹れり此場合に於て鐵道會社は其責に任すへきものにはあらさるなり
旅客か寢室にて睡眠中其衣服、有價品又は時計を盜まれたる場合に於ては旅客か是等の品を身に附着せしめ居たると否とを問はす運送業者は其過失なくんは責任なきなり
旅客の身に附着せしめさる物品と雖も所謂手荷物の如きに至ては之を運送業者に引渡したる場合に於ては運送業者は物品の運送業者に於けるか如く絕對的に責任ありや否やは困難なる問題なり
旅客か乘船中携帶せる物即ち馬、車、家畜又は手荷物等の如きに關して渡船夫は如何なる責任を有するやは判決例の一定せさるところなり或は運送業者と同

一の責任ありとし或は之に反するものとなす。思ふに此場合に於ける携帶は二種あるへし一は荷物にして他は荷物と稱すへからさる別段の運送賃を要する物即是なり渡船夫は荷物に付ては責任なきも後者の物に付ては責任あるへし、後者の別段の運送賃を要する物とは家畜其他獸類の一群の如き是なり

荷物として運送せらるる物品に關しては之を運送業者に引渡したるものなりや又は旅客の監視の下にあるものなりやを決すへき一般の原則なきなり

時辰機を以て旅行する旅客あり該機を鐵道會社の使用人に引渡し乘車せり使用人は旅客の面前にて其座席の上に之を置きたり後兩人か數分間列車を去りたる間に盜難に罹れり、此場合に於て時辰機は會社に引渡されたるものなり何となれは使用人か旅客の乘るへき場所に置きたりといふ事實は之れか爲めに其位地を變せされはなり

旅客の手荷物は運送業者に引渡されたる場合と雖も其請求に因り旅行中其手の届くへき場所に置かれたるときは旅客自ら之に留意すへしとの默約を爲したると一般にして旅客の過失により手荷物紛失するも運送業者は其責に任せ

さるなり
旅客か寢室を出てたる際寢室中にある手荷物中より寶石を盜まれたり此場合に蒸滊船會社は責任なし
然りと雖も船舶の旅客は其寢室に旅行用の普通の荷物を置き旅店にある旅客と同位地に立つを常とす而て旅客か其荷物の安全に付き相當の注意を爲せる場合に於ては運送業者は運送業者として之に對して責任を負ふへし
是等の場合は前述せし或場合と牴觸するものあるへしと雖も此原則は施行用の爲め旅客により必要上抑置せらるへき荷物に關して適用せらるへきなり
旅客にあらさる人の爲めに運送せらるゝ物品は荷物にあらさること勿論なり
運送業者か旅客所有の物品にあらさるを知りなから之を運送したる場合の如きは物品運送の普通の場合と異るところなきなり
運送業者か荷物にあらさる物品を荷物として引受け之を運送したる場合に於ては運送業者の責任如何
(一) 詐欺に出て而て詐欺の結果物品の紛失を招きたるか如き場合に於ては運

送業者は何等の責任なし

(二)他の場合に於ては運送業者の責任の範圍不明なり或は受寄者の責任を負ふへきか

旅客は事實上其荷物を携帶することを要せさるなり

旅客は其旅行を終れは相當なる時間内に荷物を持去らさることを得す、旅客之を持去らさる場合に於ては運送業者は單に倉庫營業者として之を保管すへきのみ、荷物の場合に於て相當の時間と稱するは一般に運送物品の場合に於けるよりも短きなり、通常旅客は旅行を終るや否や直ちに荷物を持去らさることを得す即ち運送業者か持去ることを猶豫せしむるにあらさるよりは旅客か到達地を去る前に持去るへきものなりとす又契約、慣習若くは必要により相當の時間に自ら長短あるへし

一旅客か午後十時に到達地に達せり翌朝は相當の時間にあらすと判決せられたり

旅客か無償にて運送せらるゝ場合に於ては旅客の安全に關しては運送業者は

重大の注意を用ゐへしと雖も旅客の荷物に關しては物品の運送業者の如き責任なし唯〻無償の受寄者たる責任あるのみ

荷物受取證

荷物受取證は通常單に受取證書たるに止まり契約にあらす亦た契約の證據にもあらす。運送契約は通常旅客か其受取證を得さる前に成立し居るなり。一般の受取證の如く荷物受取證は運送業者か事實上荷物を受取りしとの推定證據たるに止まるのみ

運送業者は其支拂に對して引渡を受けたる荷物の上に擔保權を有す然りと雖も旅客の手荷物を取り若くは身に纒へる物を取り支拂の擔保と爲すことを得さるなり

日本商法の規定

左に參考の爲め日本商法中の旅客運送に關する規定を列擧せんと欲す

旅客の運送人は自己又は其使用人か運送に關し注意を怠らさりしことを證明するに非されは旅客か運送の爲めに受けたる損害を賠償する責を免るゝことを得す。損害賠償の額を定むるに付ては裁判所は其被害者及ひ其家族の情況を斟酌することを要す（商法第三百五十條）

旅客の運送人は旅客より引渡を受けたる手荷物に付ては特に運送賃を請求せさるときと雖も物品の運送人と同一の責任を負ふ。手荷物か到達地に達したる日より一週間に旅客か其引渡を請求せさるときは第二百八十六條の規定を準用す但住所又は居所の知れさる旅客には催告及ひ通知を爲すことを要せす（同第三百五十一條）

旅客の運送人は旅客より引渡を受けさる手荷物の滅失又は毀損に付ては自己又は其使用人に過失ある場合を除く外損害賠償の責に任せす（同第三百五十二條）

右は旅客運送に關する一般の規定にして其準用規定一條あり

商人間の賣買に於て買主か其目的物を受取ることを拒み又は之を受取ること能はさるときは賣主は其物を供託し又は相當の期間を定めて催告を爲したるの後之を競賣することを得此場合に於ては遲滯なく買主に對して其通知を發することを要す。損敗し易き物は前項の催告を爲さすして之を競賣することを得、前二項の規定に依り賣主か賣買の目的物を競賣したるときは其代價を供託

することを要す但其全部又は一部を代金に充當することを妨けす(同第二百八十六條)
船舶に於ける旅客運送の日本商法の規定を列擧せんに
記名の乘船切符は之を他人に讓渡すことを得す(同第六百三十條)
旅客の航海中の食料は船舶所有者の負擔とす(同第六百三十一條)
旅客か契約に依り船中に携帶することを得る手荷物に付ては船舶所有者は特約あるに非されは別に運送賃を請求することを得す(同第六百三十二條)
旅客か乘船時期までに船舶に乘込まさるときは船長は發航を爲し又は航海を繼續することを得此場合に於ては旅客は運送賃の全額を支拂ふことを要す(同第六百三十三條)
發航前に於ては旅客は運送賃の半額を支拂ひて契約の解除を爲すことを得、發航後に於ては旅客は運送賃の全額を支拂ふに非されは契約の解除を爲すことを得す(同第六百三十四條)
旅客か發航前に死亡、疾病其他一身に關する不可抗力に因りて航海を爲すことと能はさるに至りたるときは船舶所有者は運送賃の四分の一を請求することを得前項に掲けたる事由か發航後に生したるときは船舶所有者は其撰擇に從ひ運送賃の四分の一を請求し又は運送の割合に應して運送賃を請求することを得(同第六百三十五條)

航海の途中に於て船舶を修繕すへきときは船舶所有者は其修繕中旅客に相當の住居及ひ食料を供することを要す但旅客の權利を害せさる範圍内に於て他の船舶を以て上陸港まて旅客を運送することを提供したるときは此限に非らす(同第六百三十六條)

旅客運送契約は第五百八十七條第一項(海員の雇入契約は左の事由に因りて終了す。一 船舶か沈沒したること 二 船舶か修繕すること能はさるに至りたること 三 船舶か捕獲せられたること)に掲けたる事由に因りて終了す若し其事由か航海中に生したるときは旅客は運送の割合に應して運送賃を支拂ふことを要す(同第六百三十七條)

旅客か死亡したるときは船長は最も其相續人の利益に適すへき方法に依りて

其船中に在る手荷物の處分を爲すことを要す（同第六百三十八條）

旅客運送を爲す爲め船舶の全部又は一部を以て運送契約の目的と爲したる場合に於ては船舶所有者と傭船者との關係に付ては前節第一欵（物品運送總則第五百九十條乃至第六百十九條）の規定を準用す

其他海上の旅客運送に關しては左の諸條を準用す（同第六百三十九條）

同第三百五十條（前出）

同第三百五十一條第一項（前出）

同第三百五十二條（前出）

船舶所有者は傭船者又は荷送人に對し發航の當時船舶か安全に航海を爲すに堪ふることを擔保す（同第五百九十一條）

船舶所有者は特約を爲したるときと雖も自己の過失、船員其他の使用人の悪意若くは重大なる過失又は船舶か航海に堪へさるに因りて生したる損害を賠償する責を免るゝことを得す（同第五百九十二條）

航海又は運送か法令に反するに至りたるとき其他不可抗力に因りて契約を爲

したる目的を達すること能はさるに至りたるときは各當事者は契約の解除を爲すことを得、前項に掲けたる事由か發航後に生したる場合に於て契約の解除を爲したるときは傭船者は運送の割合に應して運送費を支拂ふことを要す(同第六百十四條)

船舶所有者の傭船者、荷送人又は荷受人に對する債權は一年を經過したるときは時效に因りて消滅す(同第六百十八條)

旅客の手荷物に關しては左の諸條を準用す(同第六百三十九條第二項)

法令に違反し又は契約に依らすして船積したる運送品は船長に於て何時にても之を陸揚し、若し船舶又は積荷に危害を及ほす虞あるときは之を放棄することを得但船長か之を運送するときは其船積の地及ひ時に於ける同種の運送品の最高の運送賃を請求することを得、前項の規定は船舶所有者其他の利害關係人か損害賠償の請求を爲すことを妨けす(同第五百九十三條)

船舶所有者は左の場合に於ては運送賃の全額を請求することを得

一　船長か第五百六十八條第一項(船長は船舶の修繕、救援又は救助の費用其他航海を繼續するに必要なる費用を支辨する爲めに非されは左に揭けたる行爲を爲すことを得す。一 船舶を抵當と爲すこと 二 借財を爲すこと 三 積荷の全部又は一部を賣却又は質入すること但第五百六十五條第一項(船長は航海中最も利害關係人の利益に適すへき方法に依りて積荷の處分を爲すことを要す)の場合は此限に在らす)の規定に從ひ積荷を賣却又は質入したるとき

二 船長か第五百七十二條(船長は航海を繼續する爲め必要なるときは積荷を航海の用に供することを得此場合に於ては第五百六十八條第二項(船長か積荷を賣却又は質入したる場合に於ける損害賠償の額は其積荷の到達すへかりし時に於ける陸揚港の價格に依りて之を定む但其價格中より支拂ふことを要せさりし費用を控除することを要す)の規定を準用す)の規定に從ひて積荷を航海の用に供したるとき

三 船長か第六百四十一條(船長か船舶及ひ積荷をして共同の危險を免れしむる爲め船舶又は積荷に付き爲したる處分に因りて生したる損害及ひ費用

は之を共同海損とす、前項の規定は危險か過失に因りて生したる場合に於て利害關係人の過失者に對する求償を妨けす)の規定に從ひて積荷を處分したるとき(同第六百十七條)

第十四章　接續線の運送業者 Connecting Carriers

一の運送業者の運送線の場所より他の運送業者の運送線の場所まて旅客又は物品の運送を爲すところの接續運送線あり。此線路に於ける二人以上の運送業者を玆に接續線の運送業者と謂ふ

本章に於ては接續線の運送業者間相互の關係及ひ接續線の運送業者と旅客、荷送人若くは運送品所有者との關係を述へんと欲す

是等の關係の問題たる頗る困難にして學說竝に判決例の區區一致せさるところなりとす

一　接續線の運送業者か組合員たる場合

接續線の運送業者か組合員たる場合

此場合に於て接續線の運送業者は運送契約及ひ契約にもとつかさる義務に付

き共同且つ連帶して其責に任すへきなり
此場合に於ては組合法の普通の原則適用せらる。組合關係の成立するには書面其他明示の契約に因ることを必要とせす
組合關係に於ける他の場合の如く接續線の運送業者相互の間に組合關係存せさるも接續線の運送業者は第三者に對して組合員たることを得
接續線の運送業者か其業務の收益を分配する場合に於ては通常第三者に對しては組合員なり然りと雖も其收益とは純益の義にして總收入の義にはあらさるなり
接續線の運送業者か共通にて使用せる代理人を有する場合に於ては接續線の運送業者は其代理人の行爲に對し共同して責任を負ふことを得ると雖も必ならすしも組合員たるの關係を成立せしむるにはあらさるなり
「ロチエスター」より「アチカ」に至る馬車鐵道の線路あり之を三區に分ち三人の運送業者か一區つゝの運送業を擔當し各運送業者は各自に馬車及ひ馭者を有し轉關税を除くの外は各其區の出費を負擔せり。而て全線路の運送貫は三

人の共同資本と爲し其中より三區の轉關税を支拂ひ其殘額を各運送業者か從事せる線路の比例に應して分配するの組織あり。此場合に於ける收益の分配は三人の間に第三者に對して組合員たるの關係を有するものなりとす

右の例に於て各運送業者か各自區の出費を負擔せすして總收入か直ちに各自か從事せる線路の距離の比例に應して分配せらるる場合に於ては運送業者間には第三者に對して組合員たるの關係成立せさるものとす

茲に馬車線路あり甲運送業者は全線路の三分の二の距離間に馬及ひ車を備付け其距離間の運送賃全部を收得し乙運送業者は殘部たる三分の一の距離間に馬及ひ車を備付け同しく其距離間の運送賃全部を收得し居れり。甲乙共同して一人の馭者を雇ひ全線を馭せしめ其給料を甲乙兩人にて半額つつ負擔し居れり。丙あり物品を運送せんか爲めに線路の一端より他の一端に至る運送賃を馭者に支拂へたり然るに馭者は之を着服して其影を匿せり。此場合に於ては甲乙運送業者は共同して其責に任せさることを得す而して組合關係は成立し居らさるなり。何となれは甲乙各自其出費の比例に應して收益を

分配せさるか故に組合關係成立せさるなり。而して甲乙兩人は共同の目的の爲めに御者を雇入れたるか故に線路到る處として營業の適當の遂行を爲すへきものなりとす

一滊船會社か諸鐵道會社と共同して「シンシンナチ」を通過する「ルイスビール」より「ニウヨーク」に至る間の貨物運送線を組みたり而て全線運送賃を纒め取り之に對する貨物引換證を交付することとなし居たり。「ニウヨーク」宛の或烟草荷か「ルイスビール」に於て該滊船會社に引渡され全線運送賃の支拂も濟み之に對する貨物引換證か「ルイスビール」にある共同代理人により交付せられたり。該烟草荷は該滊船會社により「シンシンナチ」まて運送せられ此處にて該荷を鐵道會社に引渡さんか爲め埠頭船に積卸されたり然るに未た鐵道會社に至り之を引渡ささる前に埠頭船沈沒して烟草は濕侵せられて損害を被むれり。此場合に於て滊船會社及ひ諸鐵道會社は組合員にあらす而て共同して其の責に任せさることを得す。本場合の如きは公の秩序上より觀るも亦然らさることを得さるなり

三鐵道會社か一線路の部分所有者にして各會社か全線を走るの車輛を有し而て各會社は他の會社に對して其所有線路の距離に應して計算を爲し居たり。一人の代理人を雇入れ之に全線の切符を賣らしめ全線運送賃及ひ運送品を受取らしめ居たり。客あり部分所有者の記名せる全線切符を購ひ運送品を代理人に引渡したり然るに其後運送品紛失したり。此場合に於て客は運送品か何れの運送業者に占有せられありしを證明せすして何れの運送業者をも相手取り賠償の訴を起こすことを得へきなり。此場合に於ては運送品は共同代理人に引渡され而て共同代理人は運送品の全線運送を承諾したるなり

運送業者の線路か一端を滊船會社と連絡し他の一端を鐵道會社と連絡して「ニウヨーク」より「ボストン」に至る貨物運送線を組み全線運送の切符を賣り各運送業者は合意上の比例額に應して運送賃を分配せんことを約せり。「ボストン」宛の運送品か「ニウヨーク」にある滊船會社に於て引渡され而て運送賃は「ボストン」にて支拂はるへしとの契約なりき。此場合に於ても亦組合關係か成立し居らさるなり

右列擧せる諸判决例か一致せさるは已むことを得さるところにして要するに組合關係の成立せりや否やは各場合に於ける事實問題に歸着し事實上に於ける僅少の差異は往々正反對の判决例をも見るへく又各場合に於て公の秩序に關し如何なる解釋を取るへきやは各裁判所の所見區區として異なれるところなりとす

第一運送業者か全線運送を契約する場合

二、第一運送業者か全線運送を契約する場合

此場合に於ては第二以下の接續線の運送業者は皆な第一運送業者の代理人なり

第一運送業者は運送全部に對し契約上及ひ契約にもとつかさる義務を負擔するものとす

第二以下の運送業者は運送契約に付き何等の責任を負はす而て亦契約にもとつかさる義務中の不作爲に付てのみ責任を有せす

然りと雖も第二以下の運送業者は其不法行爲に對しては責任あり而て其不法行爲により本人たる第一運送業者に損害を被らしめたる場合に於ては第一運

送業者に對して責任を負ふへきものなりとす
第二以下の接續線の運送業者か第一運送業者の代理人なる場合に於ては代理法の普通の原則か適用せらるへきものなりとす
第一運送業者か接續線の全線運送を引受くるの契約は必ならすしも書面又は明示たることを要せす口頭にても默示にても可なり
明示の契約を以て此種の責任に付き特約を爲したる場合に於ては事理明白にして疑問の餘地を存せさるなり
疑問となりて困難なるは此種の明示契約なき場合に於て此種の契約含まるるものと看做すへきや否やにあり即ち明示の運送契約中此點に關して別段明示の特約なき場合に於ては其契約の適當なる解釋如何か尤も疑問の存するところなりとす
第一運送業者か運送品の全線運送を爲すへき旨を荷送人と契約せさる場合に於ては第一運送業者は自己の運送線路の最後の場所若くは運送品か自己の運送線路を離れんとする場所まて運送を遂行して第二運送業者に運送品を其場

「マシャンプ」事件の原則

所にて引渡すへき義務を有するに過きさるなり。第一運送業者か此行爲を爲し終りたるときは自己の責務は終了し次に第二運送業者の責務か初まるなり英國に於ては運送業者か自己の運送線路を超越したる場所に指定せられし運送品を引受けたる場合に於ては他に何等の契約も存せす若くは反對の事實も存せさる場合に於ては運送業者か運送品を引受けたりといふ事實か全線運送を爲すへしとの默示の契約を成立せしむ。此原則は「マシャンプ」對某鐵道會社事件の判決により定まれり故に之を「マシャンプ」事件の原則 The rule in Muschamp's case と稱し北米合衆國に於ては之を英國の規則と稱す

右の如き場合に於て英國裁判所は第二以下の運送業者は何等の責任なきものと判決したり

米國に於ては判決例區區にして一定せすと雖とも右の如き場合に默示の契約成立するものにあらすとの原則を採用するの傾向あり之を米國の規則と稱す然りと雖も米國に於ては今日「ゼオルヂア」裁判所を除くの外はすべての裁判所に於て第一運送業者か明示又は默示の此種の契約を爲したる場合に於ては第

全線運送契約の證據となるへき事實

二以下の運送業者は之により契約にもとつかさる責任より除外せらるるものにあらすといふ點に就ては所見一致せるか如し

「マシャンプ」事件の如く運送業者か單に全線運送の運送品を引受けたりといふ事實の外に第一運送業者か全線運送の契約を爲すの意思ありしといふことを證明又は否定すへき他の事實ありし場合に於ては此種の契約の存否を決するは事實問題若くは證書類の解釋問題にして一般の原則の下に決せらるへきものにはあらさるなり

是に於てか種々なる種類の事實必要となる。併し此種の事實は固より法律上の確定力を有するにあらすと雖も一種の證據力を有するものとす

今左に此種の事實を左に列擧せんとす

一、全線運送の貨物引換證の交付せられたること

二、第一運送業者か自ら運送業者なりと稱し全距離の運送賃を受取りたること

三、運送賃受取證又は切符か全線運送賃の爲めに作成せられたること

四、運送業者か運送品の全線運送に對し責任を有すとの慣習の存せしこと

五、貨物引換の項目中に全線運送を爲すへきこととの默示せらるる場合

六、貨物引換證に於て運送品を送達せんか爲めに受取りしといふことを示めしたること『送達』とは單に運送の意義にあらす指定所まて運び行き届けるの義なり

以上の六者は全線運送の契約の存否を决すへき重要なる事實なりとす今左に實例を示めさん

「クウインビー」對「ヴアンダービルト」事件。被告は「ニウヨーク」と「ニカラグア」地峽間を往復する滊船を所有せり而て亦た「ニカラグア」地峽より「サンフランシスコ」に至る滊船中の或數の一部所有者なりき。玆に「ニカラグア」地峽を横斷して運送を行ふところの運送業者ありと雖も右等の滊船には全然無關係のものなり。然れとも便宜の爲め被告に切符を賣却せしめ或約束の下に賣却代金の計算を爲し居たり。被告及ひ太平洋滊船會社は共通使用の代理店を「ニウヨーク」に置き被告、地峽横斷會社及ひ太平洋滊船會社の切符を發賣せしめ居たり

被告は「ニカラグア」地峽を通過して「ニウヨーク」より「サンフランシスコ」に至る唯一の全距離運送線たる「ヴァンダービルト」の新線路といふ廣告を爲したり。原告は此廣告により被告の代理店より三枚の切符を購求めたり一は被告所有の船舶により「ニウヨーク」より「ニカラグア」地峽に至る者一は地峽を通過する者一は被告に無關係なる指定の船舶により地峽より「サンフランシスコ」に至る者是なり而て被告は「ニウヨーク」より「サンフランシスコ」に至る全距離運送賃二百五十弗を代理店に支拂ひたり然るに地峽より「サンフランシスコ」に至る船舶か出帆を拒みたり是に於て被告は訴へられ裁判所は被告に於て其責任を負ふへしと判決を與へたり。此事件に於て切符か各箇なるは三人の運送業者と各別に契約を爲せりとの多少の證據となるへきも强力なる證據とはならさるなり

第一運送業者により發賣せらるるところの一枚の全線運送の切符は第一運送業者が一手にて全線運送を遂行すへしといふ契約の存せることを示めすへき强力の證據とはならす。此場合に於ては第一運送業者は單に便宜上他の運送業

第一運送業者が自己の線路のみの運送を約したる場合

者の代理人と爲り切符を發賣せしに過ぎさるなり

三　第一運送業者が自己の運送線の最後極端まて運送品の運送を遂行し此所にて次の運送業者に運送品の引渡を爲すへき契約の存する場合

此場合に於ては第一運送業者は運送契約に付き責任を有し而て各運送業者は契約にもとつかさる義務に付き責任あり

第一運送業者は亦た運送契約を爲すことに付き第二以下の各運送業者の代理人たることを得。此場合に於ては第二以下の各運送業者は各自の運送線路に付き契約上の責任を負ふへきものとす

契約其他により運送業者か自己の線路に於て責任を有する場合に於ては其責任は運送業者か旅客又は運送品を受取りたる時に初まり而て次の運送業者に旅客又は運送品の引渡を爲せしとき若くは自己の線路の運送を終了せしときに其責任も終るものとす

接續線の運送業者間にあつては各自の責任を移轉せんが爲め旅客又は運送品の有效なる引渡方法に關して明示又は默示の契約を爲すことを得。此種の引渡

は法律上の假設的引渡なり

然りと雖も運送業者が荷送人に對するの責任を免れんと欲せは事實上の引渡を爲ささることを得す即ち運送業者が運送品の占有を次の運送業者に移し旅客を事實上次の運送業者に引渡さゝることを得す

接續線の運送業者間に有效なる假設的引渡は亦運送品所有者に對しても有效なるべし。尤も此種の引渡は所有者に對しては完全なるものにあらさるも此場合に於て所有者は何れの運送業者か占有を爲せさるやを撰擇するの權利あるへしと信す

第一運送業者か自己の線路の運送を終りし後入船所內の自己所有の筏の上に運送品を積卸して留置しおきたり。其筏は第二運送業者に運送品の引渡を爲さんとの目的を以て製造せられ用意せられたるものなり。而て第一運送業者は第二運送業者に筏に留積したる運送品を引渡す旨を通知したり。然るに第三日目に筏及び運送品は共に火災に罹り盡く燒失したり。此場合に於ては未た運送品の引渡なきか故に第一運送業者の責任は繼續せるものなりとす

鐵道會社か自己の線路の運送を終りし後其停車場中の或場所に運送品を積卸し置きたり此場所か荷受所まて持行かるへき運送品を留積しおかんか爲めに指定せられたる所なり而て會社と次の運送業者との間には別段の通知なきも次の運送業者か其場所に來り積卸されある運送品を受取るの慣習か存し居たり。且つ次の運送業者か之を受取ることを得るに充分の時間と便利とを有せしことを證明せられたり。然るに運送品か其場所に積みある間に毀損せり。此場合に於て會社は未た運送品所有者に對するの責任を免るることを得さるなり

二人の運送業者か共同使用の停車場を有し居たり而て二人の間に第一に運送品を運送し來りたる者か第二の運送業者に引渡を爲すへき場合に於ては運送品を第二運送業者の線路に近き或特定の場所に留積し置くへし然らは其留積を以て引渡と看做すとの慣習存し居たり而て二人共に此慣習を是認して實行し來りぬ。運送品か此慣習に從ひ其特定の場所に留積せられ而て第二運送業者の代理人か實際留積せられたる旨の通知を受けたり。然るに留積

中運送品か失火により燒失せり。此場合に於ては事實上の引渡ありたるを以て第一運送業者は運送品燒失に對する責任を負はさるものとす

第一運送業者たる滊船會社か第二運送業者たる鐵道會社の埠頭まて運送品を運送し來りぬ。此埠頭は鐵道會社の爲め運送品を荷卸すへき場所なりき。今兩會社の使用人か滊船より運送品を埠頭に荷卸し之を更に鐵道會社の貨車に移し初めたり。此時滊船會社より鐵道會社に引渡されたる運送品若くは埠頭に荷卸されたる運送品に關して別段の計算も爲さす亦受取證をも授受せさりき。然るに運送品の一部分か貨車に移され若くは埠頭に荷卸せられ他の一部分か未た滊船中に殘り居る際に滊船埠頭及ひ運送品か失火の爲めに燒失したり。此場合に於て鐵道會社は未た滊船より引渡を受けさる運送品は勿論其使用人か之を貨車に移すへき筈の運送品に對しても責任を負はさるものとす。何となれは此場合に於て鐵道會社は未た右等の運送品に對し事實上の占有は勿論假設上の占有をも取得し居らされはなり

第一運送業者か自己の線路の運送を終り第二運送業者の爲めに運送品を倉

庫に留積し置き其旨を第二運送業者に通知したり而して第二運送業者は此通知を受け之を運送帳簿に記入したり兩人の間に於ては倉庫に運送品を留積し其通知を發したるときは別段の引渡なしと雖とも第二運送業者は之を受取るへきものなりとの慣習存し居たりき然かるに八日目に至たり倉庫中に留積しありし運送品か失火の爲めに燒失したり此場合に於て第二運送業者は運送品所有者又は所有者の讓受人に對しても賠償の責任あるものなりとす

運送品占有の推定

運送中に當り運送品か滅失又は毀損したる場合に於て其滅失又は毀損か生せられし當時何れの運送業者か運送品を占有せしや明瞭ならさるときは法律上左の推定を下す

(一)運送品か滅失して全く引渡を爲されさりし場合に於ては第一運送業者か之を滅失せしめたるものと看做さるへし然りと雖も第一運送業者は第二運送業者に運送品の引渡を爲したりとの證據を提出して此推定を抗辯することを得第二運送業者も亦第一運送業者より引渡を受けさりしとの立證を爲して第一

運送業者の抗辯を破ることを得次下の運送業者も亦同一の方法により推定を破ることを得

(二)運送品か毀損せられたるときは最後の運送業者の手に於て毀損せられたるものと看做さる然りと雖も最後の運送業者は直前の運送業者より毀損の儘の運送品を受取りたりとの立證を爲して推定を抗辯することを得最後の直前の運送業者か其直前の運送業者に對しても同一方法によることを得次下順次皆然り

運送業者か次の運送業者に運送品の引渡を爲すこと能はさる場合に於ては運送業者は之を保管し相當なる注意を用て其旨を荷送人に通知し其指圖を待つへきものとす

右の場合に於ては運送業者か過失に出るか若くは全線運送を契約したるにあらされは運運業者たる資格を脱し倉庫營業者として運送品の保管を爲すへきものなりとす

各運送業者は次の運送業者に運送品の引渡を爲すことに關しては荷送人の代

理人なり。夫故に各運送業者は別段の合意、指圖若くは反對の慣習なきときに於ては通常の期間又は相當の期間内に運送品を運送すへき旨を次の運送業者と契約するの權利を有す。此契約により荷送人は拘束せられ次の運運業者は責任を制限せらるゝへきなり

第二運送業者か其責任を制限する書面契約なくして第一運送業者より運送品を受取ることを拒絶したり。第一運送業者は此種の契約を爲すの權利なきものなりと信し着荷の旨を荷受人に通知し其指圖の來るまて二十日間運送品を保管し何等の提供をも第二運送業者に爲さゝりき。然るに其保管中に運送品か失火の爲に燒失したり。此場合に於て第一運送業者は運送業者たるの責を免るゝことを得さるなり。何となれは此場合に於ては第一運送業者は第二運送業者に運送品の提供を爲し第二運送業者か請求する條件を承諾して第二運送業者の責任制限の契約書を作成すへきものなれはなり。此場合に於て第二運送業者の請求する條件か不當不法のものなるときは、不法拒絶の訴訟を提起することを得るなり

日本商法の規定

第一運送業者か全線運送の契約を爲したるとき若くは第二以下の運送業者の代理人となりて運送契約を爲したる場合に於ては契約中の運送業者の責任制限の約項は總ての運送業者の利益に對して有效なり然りと雖も第一運送業者か單に自己の線路の運送を終り次の運送業者に運送品の引渡を爲すへき契約中の責任制限は第二以下の運送業者の利益の爲めには其效力なきなり

日本商法に於ける接續線運送業者の責任に關する規定は左の如し

數人相次て運送を爲す場合に於ては各運送人は運送品の滅失、毀損又は延着に付き連帶して損害賠償の責に任す(商法第三百三十九條)

運送法
終

附録

編者本書を編するに思へらく讀者に若し英米法律の概念を缺くあらは本書を解することと或は困難を感すへく況んや翫味して之れか興味を覺ゆるか如きは望むへからさるなり。編者頗る之を遺憾とし茲に本書の餘白を盜み『成文法と慣習法』といふ名を借來て沿革上より英米法律と他の法律との區別其組織を畧述せんと欲す。讀者之を讀めは英米法律を解するに於て資するところあるへしと信す

成文法と慣習法

凡そ法律を其組織上より區別すれは左に二大別と爲すことを得

一、成文法　The civil law

二、慣習法　The Common law

一、成文法

成文法

成文法は露西亞及ひ土耳其の西部に位する歐羅巴諸國に行はる。即ち昔時羅馬帝國と稱せし基督敎國、是等の基礎國より殖民せられたる「メキシコ」、中央及ひ南亞米利加共和國「スコットランド」「ルイヂアナ」州及ひ「カナダ」に於ける「クエベック」の領地に專ら行はる。主として日耳曼法系に屬すへき新法典を有する日本帝國の如きも成文法國に列すへきものなりとす

成文法は其源を羅馬法に發せり其後に至り新に認められたる諸種の原素を混合するに至り今日に於ては均しく成文法の組織なりと雖も其詳細なる點に就ては各國皆な異なれるなり

成文法の淵源

遠く成文法の淵源に遡るに西曆紀元前第五世紀頃羅馬の强大なりしとき貴族獨り其勢を逞うし法律の如きも貴族の專制するところにして平民之に與ることとを得さりしか平民積憤禁すること能はす大に起て强請するところあり貴族も已むなく之を容れ爾後法律はすへて之を成文に書して之を公にすることゝなり爲めに十人の委員を撰定したり。是に於て委員は法律の編纂に着手し十表を制せしか後に之に二表を加へ茲に有名なる十二銅表 The Twelre Tables 成る

十二銅表

諸種の制文律

裁判官の方針書

十二銅表は實に羅馬法の基礎にして實に成文法の淵源なり。十二銅表は遺憾なから其全文を見ることを得す。今日僅に其一部を傳ふるのみ

羅馬の成文法は十二銅表の外に共和政府の下には元老院及ひ國民議會の協贊により發布せられたる法律あり。又帝國となりてより發布せられたる諸種の制文律あり。元老院の協贊により發布せられたる法律は之を Senatus Consulta と稱し。Comitia centuriata といふ議會の協贊により發布せられたるものを leges と稱し。Comitia tributa といふ議會の協贊により發布せられたる法律は之を Plebicita と稱せり。而して帝國となりてより憲法及ひ帝の勅令の發布を見るに至りぬ

羅馬に Praetor と稱する裁判官ありき毎年撰出せらるゝものにして其就任の際法律適用に關する司法手續の方針等に付き取るへき原則を發表するを常とす之を Edictum と稱す。是固より理論上より謂へは裁判所に於ける手續法の原則たるに止まり羅馬國の法律には何等の影響もなく亦裁判官は性質上立法者にあらさることも明白なりと雖も當時の實際の有樣に就ていへは Praetor の發表する Edictum は法律の改廢を導くの手段となりたること尠なからさりき

法律顧問の意見

裁判官か前任者の發表せし Edictum を至當なりと信したるときは自己の發表する Edictum に之を附加して發表するもの往々にしてありき

羅馬には制文法のみならす又た不文法ありき。然りと雖も不文法も英米とは其發達の趣を異にせり。羅馬に於ては英米の如く裁判所の判決例か先例となりて不文法の發達を來たせしにはあらず羅馬には Jurisconsulti と稱する法律顧問あり此顧問の意見 Responsa prudentum か先例の效力を有して不文法とはなれり。此顧問は裁判事件に對して其所見を吐くなり而て其所見は顧問の手帳控書に記入せられ又は其弟子門弟輩か之を輯集して教科書とせるもの遂に法律たるの效力を生するに至りしなり

羅馬に於ける法律顧問の意見は必ならすしも實際の事件に當りてのみ發表せらるゝにあらす。自由に數多の事件を想像し之を問題として其意見を述へたり是亦法律の效力を有し却て實際の事件に當りてよりも不文法の發達を促かし秩序的に法律の進歩に稗益せしこと疑を容れさるなり

法律顧問は其意見を述ふること極て自由にして何等の制肘を受くることなし

羅馬固有法と外國人法

從て顧問間に意見の衝突尠なしとせす「オーガスタス」帝以後に至りては法律顧問は The Proculians 派と The Sabinians 派とに分かるゝに至りぬ然りと雖も此學派は英米法に於ける法學の學派の如きものにはあらす

理論上法律顧問の意見は單に十二銅表、裁判官の司法方針の筋書 Edicta of Praetor の如き既成の法律の解釋論に過きすして立法の權能なきことは勿論なり。然りと雖も實際の有樣に於ては裁判所か往々法律顧問の意見を採用し之に據て判決を下たしたること尠なからす特に有名なる法律顧問の意見は非常に裁判所に歡迎せられたるなり。「オーガスタス」帝以後に至りては有名なる法律顧問は皇帝の名を以て其意見を發表するの許可を得るに至りぬ。法律顧問中最も有名なるものは「ハドリアン」帝以後に盛名を拍せしところの「ガイウス」「パピニアン」、「ウルピアン」「パウルス」及ひ「モデスチヌス」の五人なりとす

羅馬の成文法は固と之を Jus civile と稱せり是れ羅馬國民の法律といふの意義にして全く羅馬の國民にのみ適用せられ外國人には適用せられさりき然るに漸次外國人か羅馬に入込むに從ひ外國人間の爭訟を決し之れか秩序を保すへ

き法律の必要を感するに至りぬ。是に於て羅馬の裁判所は外國人中に最も普通に行はるゝところの原則を撰び之を外國人間の爭訟に適用して判決を下すに至りぬ之を Jus gentium と稱す

Jus civile と Jus gentium との差は其形式手續の繁閑の差最も甚しきものなり。前者は其形式手續に非常に重きを置き例之一の賣買取引を爲すにも繁雜なる形式あり之を盡く履まされは當事者の意思如何を問はす無功なり。然りと雖も後者は外國人間に共通の原則を採りしものなるを以て其形式手續極て簡單なり例之賣買を爲すにも或代價を以て當事者か所有權を授受せんとするの意思あれは足れりと爲すか如き是なり。尤も外國人に於ても各自の國人間には特殊の形式種々あるへしと雖も外國人間に共通なるものにあらされは之を Jus gentium としては採用せさりしなり

自然法の影響

羅馬は希臘を征服せし以來希臘の哲學か羅馬に入り來りぬ特に「ストイック」派の哲學か非常なる勢力を以て羅馬法學者の思想に影響を與へたり。「ストイック」派は人生の自然を論するものなるを以て自然法 Jus naturale の觀念か法學者の

頭腦を支配するに至れり。自然法の觀念たるや或單純なる原則よりして完全にして組織的に且つ公平なる人生行爲の規則を推理せんとするにあり然るに不幸にも反對の結果を生し人事に於ける混沌且つ不正の源となりしぞ是非もなし

羅馬法學者は羅馬法と自然法を打して一體と爲さんとを企てたり特に裁判官の筋書及ひ法律顧問の意見に於て大に此企を務めたり。羅馬法學者は『單純』『萬有』『共通』の三者を以て自然法の特徴なりと觀破せり而て是等の三者は實に亦た羅馬に於ける外國人法 Jus gentium の特徵なり。是に於てか自然法と外國人法とは相對立する能はす必ならすや一體と爲るへきの傾向を生せり。其結果從來羅馬裁判所か外國人間に久しく適用し來りし原則と異なるところなき原則か自然法といふ名の下に羅馬固有の法を襲して大に之を收むるに至りぬ。

羅馬に於ては自然法侵入の結果として第一に固有法に於ける權利と自然法に於ける權利と二種の權利を認むるに至れり而て實際上は後者は前者よりも優等なる權利なりとす。例之物件の所有權に付て言はんか甲を固有法上の所有權

者とし乙を自然法上の所有權者なりとせよ。裁判所は甲を其物件の所有者なりと認む然りと雖も甲は乙の權利を害するも尙ほ且つ自己の權利を行ふことを得るにはあらさるなり此場合に乙は所有權上の事實的利益を有せり。故に甲の所有者たる救濟方法の權利を奪ひ去れは事實上甲は其所有權を非認せらるゝに至るへきなり。其後固有法と自然法とは益〻溶和し來り遂には二者の法相牴觸する場合に於ては固有法は自然法に打破らるゝに至りぬ。

羅馬法に於ける此二種の權利の存在せりといふことは英法を研究する者の爲めには特に必要なり。何となれは英法に於ても之れと酷似せる二種の權利あり。其源は羅馬法の觀念より發せしこと疑ふへからされはなり

法典編纂

「ヂャスチニアン」帝の時に至り皇帝の命の下に羅馬法典編纂の爲め委員を撰定せられ編せられたる法典を Corpus juris civilis と稱す是法典は全編六十二卷より成り其中五十卷は有名なる法律顧問の意見より成り他の十二卷は既存の法律より成れり。此法典編纂の擧は西曆紀元五百三十三年に於て成功し其後 Novels といふ名の下に諸帝王の發布せし法令を附加したり。該法典編纂委員は亦た羅

馬法を研究する者の敎科書用として編纂せしものあり之をInstitutesと稱す

中世に至り「ボロニヤ」學校の出身なるGlossatorsと稱する法學者連か羅馬法典の注釋書を著はしたり

英國は羅馬法の影響を受けさるものと稱するも過言にはあらさるなり或時代に於ては羅馬法は羅馬法王の專横及ひ宗敎裁判所の橫恣と共に英國人の嫌厭するところなりき「ステヘン」王の朝に「ボロニヤ」の學徒「ヴアカリウス」なる者英國に入り「オツキスフオード」大學に於て羅馬法の講義を開けり然れとも多數の歡迎を受けしや否や頗る疑はしきなり然りと雖も英國の僧徒は羅馬法の研究を怠らさりしものゝ如し而て古代英國に於ては法學者の多數は僧徒なりしか故に英國法と雖も羅馬法の原則を採用せしものありしなるへしと思はる英國法は如何なる程度まて羅馬法の原則を採用せしやに就ては學者中異論の存するところなりとす

英法の名稱用語に羅甸語多し然りと雖も英法に於ける用語の示めす事物は必ならすしも羅馬法に於けるものと同一にはあらさるなり羅馬法の用語も英法

には異なれる事物を示めすもの甚多きなり

Jus civile といふ語は亦た他の種類の法律と區別するか爲めに用ゐらる、(一)道德法に對して國法の意義に用ゆ、(二)刑法に對して犯罪にあらさる民事上の法といふ意義に用ゆ、(三)軍事法又は海事法に對して普通法の意義に用ゆ、(四)宗敎法に對して俗人法といふ意義に用ゆ、(五)國際法に對して國內法の意義に用ゆるものとす

慣習法

二、慣習法

慣習法は其淵源を英國より發す。今日は英吉利「アイルランド」、北米合衆國「カナダ」及ひ重なる英國の領地は慣習法の行はるゝ國なりとす

慣習法の意義

慣習法 The common law といふ名稱は左の意義を有す

(一)、成文法に對する英米法の全體。今編者か『成文法と慣習法』と題するは此意義なりと知るへし

(二)、古代の慣習法。即ち制文法及ひ近來認められたる法律にして主として英法より出てたる法に對して古代の慣習不文法

(三)、古代の慣習法か裁判所の採用するところとなりて發達したる近代の慣習法。然りと雖も古代の慣習法と近代の慣習との間に明瞭なる區劃を立つること至難なり。何となれは時代の經過により漸次に變移し來りたれはなり

(四)、成文法國に於ては羅馬法を慣習法と稱す。何となれは成文國の法律は皆其淵源を羅馬法に發すれはなり

英米法の種類

現行の英米法は左の五種より成る

(一)、法律(狹義に於ける)

(二)、衡平法

(三)、海上法

(四)、宗敎法

(五)、軍事法

右の五者は何れも一部は不文法より成り一部は制文法より成る。軍事法を除くの外は不文法最も主にして重要なる部分を占むと知るへし

狹義の法律

(一)、法律(狹義に於ける)

此意義に於て法律とは一は條例により變更せられたる慣習法にして他の一は商法是なり

玆に商法とは商人間の慣習か基礎となりて成れるものを謂ふ。然りと雖も玆に商法と稱するは他の或歐州各國に於ける商事取引に關する法律全體なる商法典といふ意義にはあらさるなり

英國に於ては商事取引は主に慣習法の支配を受くるなり例之は賣買又は代理の如きは商事取引の行爲なる場合と雖も慣習法により决せらるへきものなりとす

玆に商法と稱するは慣習法に於て規則の不充分なる僅少の範圍に於ける短少の規則に過きさるなり。慣習法に於て規則の不充分なる場合に於て裁判所か商人間に踐行せられ居る慣習を發見し之れと判决例に於ける原則とを比照して判决を下したるなり

慣習法に於て規則の不充分なる僅少の範圍中最も重要なるは手形、爲替及ひ海上保險の如き是なり。這種の契約は比較的近代の發達に係るものにして歐羅巴

大陸より英國に輸入し來りたるなり。故に英國の商法は主として成文法國より入來り從て成文法の原則を採用するもの頗る多し或る不精確なる意義に於ては英國に於ける商法も亦商事取引に關する法律全體といふものもあるなり

(二)、衡平法

衡平法とは慣習法中の缺欠を補增せんか爲めに慣習法外の特別なる裁判所の立法手續により成りし附屬法律を謂ふ

衡平法は左の二點に於て慣習法と異る

一、衡平法は慣習法の認めさる或種類の權利を認めて之を保護す。此種の權利を衡平法上の權利 Equitable rights or trusts といふ。衡平法上の權利と慣習法上の權利と相牴觸する場合に於ては前者は常に後者に勝つ。例之は物件か乙の利益の爲めに甲に贈與せられたりとせよ甲は物件の所有者にして慣習法に於て認められたる唯一の權利者なり唯一の所有者なり。然りと雖も衡平法は乙を以て所有者と爲し甲をして乙の利益の爲めにのみ絕對的に慣習法上の權利を保有

行使せしむ。權利に關する此種の二重の組織は頗る羅馬法に於ける二重組織に酷似せるものあり即ち英國に於ける慣習法と衡平法との關係は羅馬に於ける固有法と自然との關係と酷似せるもののあるを知るへきなり

二、衡平法は多數の場合に於て慣習法に於て强行することを能はさる慣習法上の權利を特殊の救濟方法によりて强行することを得せしむ。例之は法律上有効なる契約に於て當事者の一方か其契約に違反したる場合に於ては他の一方の當事者は慣習法上の救濟方法としては損害賠償を訴ふることを得るのみ然りと雖も或場合に於て衡平法は直接履行によりて契約上の權利を强行せしむ。又不法行爲の場合に於ては慣習法上の救濟方法としては一般に不法行爲か事實上犯かさるゝに至るまては亦た如何ともする能はさりしも衡平法は不法行爲か將に犯さんとするに際しては之れか豫防の禁止令狀を發することを得

(三)、海上法

海上法とは海上に於ける船舶及ひ通商に關する規則を謂ふ

海上の問題に關しても慣習法上の規則も亦適用せらるへきなり

海上法は英國及ひ他の國民中にて航海業者及ひ商人間に行はるゝところの慣習より其淵源を發するものとす。故に海上法も亦商法の如く重に外國より輸入し來りたることを知るへきなり

海上法は各國共に殆んと其規定を一にするものにして主として羅馬法の原素を含めること疑を容れさるところなり

(四)、宗敎法

英國に於ける宗敎法は左の二者の部分より成る

一、法律により認められたる英國寺院 The church of England の組織敎旨及ひ敎規。是れ宗敎法の固有の意義なり

米國に於ては法律により認められたる寺院なし從て此意義に於ける宗敎法なるものはなきなり。米國に於ける寺院は任意に組織せられたる法人團體に過きす故に普通法の支配を受くへきものなりとす。故に米國に於て宗敎法と稱する者は寺院か法人團體として遵據せる規則にして其規定は社員間の契約たるへき効力を有するに過きさるなり

二、第二の宗敎の部分は遺言證書、死者の遺產に關し遺產管財人の撰定及ひ結婚離婚の法律に關する一部より成る。昔時宗敎寺院の勢力强大なりし時に當ては寺院は廣大なる裁判管轄權を有し結婚及ひ離婚は聖禮なりといふの理由を以て自ら之れか裁判權を握り居たるなり。昔時遺言を爲さすして死せし者の遺產は相續人の手に歸せすして王の所有に歸したり其後王か無遺言にして死せし者の遺產は之を敬神信仰の用に供することと死者の靈を慰撫するものにして死者の意に合すへしと爲して遺產に關する財產權は之を擧て僧侶又は裁判官に下附することゝなれり。而て遺言證書は固と遺言者の遺產に對しては裁判官は何等の權利を有せすといふことを表示する爲めに作成せられたるなり從て自然に遺言證書は宗敎裁判所に於て有効に作成せらるゝに至りぬ。此の如き沿革ある爲め遺言證書及ひ遺產の管理處分に關する件は宗敎法の支配するところとなりしものゝ如し。米國に於ては結婚及ひ離婚の事は主として慣習法規則の規定するところにして古代の宗敎法の規則の如きは其適用極て狹少なりとす。遺言證書及ひ遺產の管理處分に關する件は他の數件と共に其一部は法律中

に特殊の一節を爲す別に特殊の名を有せすと雖も裁判所にては特別の部に於て之を監督することゝ今日の例なりとす

宗敎法は主として The canon law と稱する羅馬舊敎寺院法より發する規則なり。此羅馬舊敎寺院法は一部は羅馬法より成り他の一部は羅馬法王の宗敎上の立法より成れるものなり

一千百五十一年に伊太利僧「グラチアン」なる者 Decretum Gratiani と稱する羅馬舊敎寺院法に關する三冊の書を著せり。其後に此書に羅馬法王か自己の制定せし諸規則を附加せり之によりて成れるものを Corpus juris canonici と稱す

(五)、軍事法

軍事法とは陸海軍若くは現役の國民軍を支配するところの法律なり。軍事法は戰時並に平時に於て存す

軍事法は之を軍律と混すへからす。軍律の如きは之を法律と稱すへき性質のものにあらさるなり

攻城野戰、敵地の占領等の場合に於ては軍事法は多少其効力を殺かれ軍隊指令

米國特有の法律

長官の專制的權力之に代はり專ら軍律の支配を受くるに至るへきなり
多數の國に於ては政府は必要に應し已むことを得さるときは軍事法を中止して軍律を適用することを妨けす。然りと雖も英米に於ては之を許るさゞるなり。
茲に米國に特有なる法律の區別あり。(一)國民法と洲法及ひ(二)憲法と普通法是なり
國民法とは合衆國政府の下に制定せられ國民裁判所に於て適用せらるるところの法律なり
洲法とは各洲政府の下に制定せらし各洲裁判所に於て適用せらるゝところの法律なり
憲法には二の意義を有す
一、普通の意義に於ては政府の組織並に立法司法行政機關の撰擧、權利、權能及ひ職務を規定するものを憲法と稱す
二、合衆國並に各洲の制文憲法及ひ憲法の解釋を爲したる裁判所の判決例を憲法と稱するは米國に於ける特殊の意義なりとす

慣習法の制文律

最後に慣習法の内容に關して述ふるところあらんとす
慣習法に二種あり
一、制文律 Written law, lex scripta, Jus Scriptum
一、下文律 Unwritten law, lex non scripta Jus non scriptum
編者か慣習法と稱するは The Common law の義にして即ち英米の法律全體を其組織上より呼ふものなり

一、制文律

制文律とは立法權を有するところの團體又は官吏により明示的に發布せられたるものを謂ふ故に其發布の際に必ならす明文を以て公にせらるへきものなりとす
英米の議會及ひ米國各洲の立法機關により發布せらるゝものを條例又は規則 Statutes or acts と謂ふ
外國との條約も亦條例と均しく制文律の効力を有するものとす
其他 Orders, rules, regulation, by-laws, rescripta, edicts, decrees, proclamations なるものあ

り行政廳、府縣郡市町村參事會又は市町村より發するところのものなり

條例にも一般の人を拘束するものあり之を一般條例又は公條例 The general or public statutes と稱し。或特定の人に權利を附與し又は義務を負はしむるものを特別條例又は私條例 The special or private statutes と稱す

一般條例は裁判所の常に認むるところなり。然りと雖も特別條例に至つては條例自身か裁判所に之を認むることを命するにあらさる以上は當事者は其存在を證明せさることを得す

昔時條例は議會開會中其通過の日より効力を有したりしか今日に於ては條例は其通過後發布手續か終るにあらされは其執行の効力を生せす

二個の條例相抵觸するときは新舊を比照し新法に從ふへきものとす。同一條例中相抵觸する條目あらは後條に從ふ

制文律の解釋は精確なることを要す。制文律の明文中に明かに含まさるの意義を解釋により推理することを許さす。明文中に含まるゝや否やは疑はしきものあらは之を取るべからす

二、不文律

不文律とは立法機關により明文の形式にて發布せられさるの法律を謂ふ

不文律は主として其淵源を慣習に發す。裁判所か此慣習を採用して發達せしめて立法したるもの不文法の主要の部分を占む

慣習に一般なると特殊なるとあり。一般の慣習は實に慣習法の首腦にして而て新慣習か漸次に生し來りて法律たるの效力を有するに至りしなり

新慣習は裁判所に於て採用せらるゝまては未た法律たるの效力なきものなりとす。新に慣習生し一般に認知せられて拘束力を有するに至らは裁判所は早晩之を採用すること常なり。銀行、鐵道及ひ電信の如きは近來の發明にして之れか爲めに新慣習生して法律の效力を生するに至りしもの頗る多し

慣習は未た法律の效力を有せさるときと雖も尙ほ或場合に於て裁判所をして判決を與ふるの標準たらしむ。例之は或特殊の取引につき契約を爲したる場合に於て當事者か反對の意思を表示せさる限りは其取引につき常に行はるゝ慣習に從ひ契約したるものと看做さる。此慣習は契約の性質を說明するものにし

て苟くも此慣習の存在せることを證明せは裁判所は之により疑問を決することとを得

特殊なる慣習とは或特殊の地方に限り行はるゝところの慣習を謂ふ。例之は「ケント」に於て被相續人の不動産は獨り長子のみ相續すへきものにあらす總へての子に平等に分配相續せしむへきものなりといふ慣習あるか如きは特殊なる慣習なり。此種の地方的慣習の有效なるには其慣習か何時より存するに至りたるやを遡り知る能はさるほど古るく行はるるものたることを要す

慣習法は裁判所により立法せらるゝといふの義は裁判官の隨意又は私見により立法せらるといふの意義にはあらさるなり。法律の問題に就き裁判所の與へたる判決は先例となりて爾後同一の問題起るに際しては此先例に從ふへきものとす。同一の問題に付き裁判官か隨意に種種の判決を下す如きことあらは之れか爲め判決は不公平となり正確を缺き混濁紛々たるに到るへきや言を待たさるなり。一度決せられたる問題は永久不變のものなりといふを以て一般の原則とす。然りと雖も裁判所の判決夫自身か直ちに法律なりといふことを得す唯

々法律如何の證據たるに過きす。判官はたとひ其人を得ると雖も誤判なきことを保せさるなり。夫故に一個の判決は常に必ならすしも先例として拘束力を有するにはあらさるなり。若し其判決にして甚しく明かに不當なりせは他の裁判所又は同一裁判所か他の場合に於て其判決を排斥することを妨けさるなり判決か先例として效力ある場合に於ける重なる規則は左の如し

一、下級裁判所の判決に對して上級裁判所に上訴か爲されたる場合に於ては同事件に於ける下級裁判所の判決は上級裁判の先例とはならす

二、終審裁判所の判決は總ての下級裁判所に對して絶對的に先例たる効力を有す。下級裁判所に於て終審裁判所の判決を不理不當なりと確信すと雖も之を破棄することを得す

三、他の訴訟に於ける下級裁判所の判決は上級裁判所の先例となると雖も比較的に其効力薄弱にして上級裁判所か之を不當なりと信せは破棄することを妨けす

四、同一裁判所又は同級裁判所の判決は先例となる而て單に不當なりと思考

するの故のみを以て之を破棄することを得す但其判決か甚しく明瞭に不當なる場合に於ては之を破棄することを妨けす

五、一判決か多年先例として採用せられ來りたる場合に於ては裁判官は之を不當なりと思考するも之を破棄すること頗る稀なり。於是か『普通の誤謬は法律となる』Communis error Facit Jus といふ法諺ありに至れり。裁判官「マンスホールヅ」氏嘗て叫て云く此先使の如きは實に驚くへき不理のものなりと雖も數百の事件に際して盡く採用せられたるものなり故に予は之を破棄するを欲せすと」

六。外國裁判所の判決は先例とならす。米國に於ては此點に關しては合衆國民裁判所及ひ各州の裁判所を以て相互の間に外國裁判所と看做し判決を先例と爲さざるなり。然りと雖も合衆國民法の問題か各州裁判所に於て起りたる場合に於ては合衆國民裁判所の判決は先例たるの效力を有し各州の法律に關する問題に付ては各州裁判所の判決は合衆國氏裁判所に於て先例と爲る裁判官か判決を爲すに際し特に上級裁判所の裁判官は判決の理由たる自己の意見を附記するを以て常とす。然りと雖も裁判官の意見は判決の一部にあらす裁判官は意見を附記せさるへからさるものにあらざれはなり。先例として拘束力あるは判決にして意見にはあらさるなり。然りと雖も裁判官の意見は判決の意義及び範圍を說明し併せて此決の因て生せし原則を說明するに於て頗る價値あることは疑ふへからさるところなり。裁判官の意見は判決中の法律に關する問題に付ての議論なり事實の問題には關せさるものとす。法律問題以外の點に付て裁判官を發表することなきにあらさるも之を Dicta 又は Obiter dicta と稱して其價値甚だ少きものとす

不文律の發達は重に先例の手段によりしなり之を裁判所の立法方法 Judicial legislation と謂ふ。理論上よりいへは裁判所は法律の適用執行を爲すへきものにして立法を爲すへき職權なきなり。凡そ法律は種々起り得へき場合を豫想して作られたる原則なり而て裁判所は其場合に際して既に存在せる法律を適用し必要あらは之を解釋するの職權を有するに過きさるなり裁判所の正當なる法律の解釋も亦た裁判所の立法方法なり。法律の疑はしき場合又は二個の規則中何れを適用すへきやに付き疑問を生するときは裁判所は法律の解釋を下たす

なり。裁判所か下したる法律解釋の結果として一の規則は正當として之を採用し他の規則を不當として排することゝなるへきなり

裁判所か審理せる事件に適用すへき條例又は先例ありて別に解釋を要せす極て明瞭なる場合に於ては裁判所は事實上既存の法律を適用するのみ。然りと雖も事件嶄新且つ事實錯綜して既存の規則又は先例の範圍外に屬する場合あるへし此場合に於て裁判所は判決を為すことを拒むを得す必ならすや新規則を作らさることを得す而て其判決は亦先例となり其規則は不文法の一部となるへきなり。此種の新規則は舊規則中の類似せる者に據るへきものたることを要す即ち舊規則の解釋を為すと大差なきなり。實に不文法の舊規則は一定の明文を有せすして數多の先例を比較輯集して成れるものなるか故に左の場合に於て裁判所は實際新規則を作成するものなりや將た舊規則の解釋を為すものなりや斷定すること難し而て裁判所は法律の解釋を為すといふ名の下に於て新規則を作るの權利を有するや否や疑問なり

假りに裁判所は法律の解釋を為すといふ名の下に於て立法することを得るも

のなりとするも其立法權は嚴格に或範圍內に限らる。裁判官は立法者の如く隨意に其欲するところの規則を制定することを能はす。裁判官は法律の解釋者として既存の規則及ひ既存規則中の原則より論理的に推理して新規則を作らさることを得す

運送法附錄 終

明治三十三年五月九日印刷
明治三十三年五月十二日發行

(運送法並製)
定價金參拾五錢

著者　菅原大太郎

東京日本橋區本町三丁目八番地
發行者　大橋新太郎

東京牛込區市ケ谷加賀町一丁目十二番地
印刷者　佐久間衡治

東京牛込區市ケ谷加賀町一丁目十二番地
印刷所　株式會社秀英舍第一工場

發兌元　東京市日本橋區本町三丁目　博文館

帝國百科全書

本書特色

方今日進月歩の奎運は專門學術の普及を促して已まず、本書は乃ち此急需に應じて起りたる者にして、社會智識の指導を以て任ずる者、各種の術藝網羅して洩らさず、實に本邦未曾有のエンサイクロペディヤ也、獨り僻鄕師に乏しき者の座右にかくべからざるのみならず、大都大中學に在るの士と雖、亦本書に俟つ所必ず多大なる者あらん、盖現今日本人必須の寶典也

全部科目

本全書は社會に有要なる百科の學を集めて大成せんことを期し、哲學、文藝、理科、醫學、政治、法律、經濟、工藝、農商、其他諸般の學術に至る迄、苟も日進の社會に必要あらん者は網羅遺さず、世上篤學の士本全書を座右に備へ給はゞ、出でずして普ねく天下の智識を萃むることを得む、故に本全書を藏せらるゝ時は、宛かも全國の碩學大家を師聘せるに齊しと云ふ可し

擔任著者

本全書の希望懷抱既に以上述ぶる所の如し、乃ち各篇擔任の著者も、總て各科專門の博士學士に請ひ、或は專門學術の老宿を煩はし、以て奬學開智の一端に供せんとす、故に本全書に筆を執らるゝは、總て江湖知名の大家碩學にして、其專攻せらるゝ所を以て編述せらるゝ者なれば、世間通有の杜撰粗桒なる類書とは、元より同日のものにあらざるは本館保證する所也

本書定價

●(並製)=○壹册金卅五錢○六册金貳圓○拾貳册金參圓八拾錢○廿五册金七圓五拾錢○五拾册金拾四圓五拾錢○百册金廿八圓○郵稅壹册八錢

●(上製)=總クロース金字入○壹册金五拾錢○六册金貳圓八拾錢○拾貳册金五圓四拾錢○廿五册金拾圓八拾錢○五拾册金廿壹圓○百册金四拾圓○郵稅壹册拾錢

▲御注文ハ總テ前金ノ事▲全部壹百册毎月二回發行

帝國百科全書

第壹編 世界文明史

文學士高山林次郎君著（三版）

序論……文明史とは何ぞや

第壹編……非文明的人種

原始人○自然民族

第貳編……東洋の文明

總說○ツラン人種○アールヤ人種○公人種（埃及）○セム人種○古代西洋人文に及ぼせる東洋人文の勢力

第三編……歐羅巴

希臘○古代羅馬○羅馬帝國と基督教○民族大移動と歐羅巴の人種○ピサンツ帝國○中世○亞刺比亞と十字軍○文藝復興と宗教革命○近世○頁數……三百四十六頁

第參編 東洋西洋倫理學史

文學博士井上哲次郎君校閱
文科大學卒業生木村鷹太郎君著

（壹）總論

（貳）第一部……東洋倫理學史

倫理學說の萌芽期○周末倫理學說○漢唐間の倫理學說○宋明の倫理學說

（參）第二部……西洋倫理學史

グレシア▲ソクラテース前▲ソクラテース▲ツクラテース學派▲プラトーン▲アリストテレース▲ストア學派▲エピクロース▲近世倫理學史▲ホッブス▲カッドヲース、モーア、クラーク及カレバーランド▲ロックシヤフツベリー▲ズットラー▲ハチソン▲マンデ井ル▲ヒューム▲アダム、スミス▲ハートレー▲プライス直覺學派▲カント▲功利主義▲スペンサー

第貳編 日本新地理

理學士佐藤傳藏君著（再版）

第壹編……日本人文地理

人種○沿革○外交○政治○政治區劃○族制及び人口○軍備○敎育○社寺○土地○生業○交通○商業

第貳編　日本地文地理

位置○五大島及屬島○自然區劃○地勢○硫汽孔蒸汽孔及炭酸孔○地震○鑛泉○鑛物○水域○湖沼○平野○沿海及港灣○海流○潮汐○氣溫風及雨雪○植物及動物

第三編　地方誌

畿內誌○東海道誌○東山道誌○北陸道誌○山陰道誌○山陽道誌○南海道誌○西海道誌○北海道道誌○臺灣誌

第四編 肥料學

農學士木下義道君著

第壹編……總論

肥料の農學上に於ける位置○施肥の原理○植物必須の養分○肥料と植物との關係○肥料と氣候との關係○肥料と土壤との關係○肥料の分類

第二編……肥料各論

（直接肥料）人糞○厩肥○動物質肥料○植物質肥料○礦物質肥料（間接肥料）有生肥料○無生肥料○作物栽培法如何によりて土地の肥培力を增さしむること

第三編……餘論

肥料の植物成分に及ほす影響○肥料試驗○各種肥料の効果比較及評價○植物の養料吸收法則

帝國百科全書

第拾三編

栽培汎論

農學博士横井時敬君著

第一章總論○第二章栽培の起原○第三章作物及品種作物品種○第四章繁殖繁殖法○人爲淘汰即選法○種子交換又種苗交換○種子の貯藏○第五章播種整地○播種方式○播種の深度○播種の疎密○播種の時期○苗床○移植○第六章管理及手入間引○除艸○中耕○施肥○摘芽○第七章保護及除害○第八章收獲○第九章休閑○輪作又輪栽○連栽又連作○混作、間作

第拾四編

植物營養論

農學博士稻垣乙丙君著

第一編豫論植物躰の組成植物躰の構成第二編本論植物躰内有機物の生産○呼吸作用(有機物の消費)○植物躰内の無機物及び其効用○養分の吸收及び輸送

種藝の事たる先つ植物生育の理に通ぜざる可からず、就中之れが營養の法則に至つては大に研究なかるへからず、本書は植物の化學的組成を明かにし次に其解剖的構造を説き終に營養の法に及び最も詳密を究む實に農界の寶といふべし。

第拾五編

邦語英文典

文學士畔柳都太郎君著

○第一章一般定義○第六章副詞
○第二章名詞○第七章前置詞
○第三章代名詞○第八章接續詞
○第四章形容詞○第九章間投詞
○第五章動詞○第拾章句點法

本書ペイン、子スフ井ルド等の英文法書クレアブーク、ガスベイ、ヲツトー等の獨佛文法書等を參照し傍ら著者の創見を加味して此に完全なる一英文書を成す、分章すると十節を別つ數十秩序井然敘述簡明他に得難きの書なり。

第拾六編

法律汎論

法學士熊谷直太君著

第壹部……法律概論

第壹編法律學法律學の性質○法學と法術○法學の種類

第二編主權國家○主權○主權者及び抽象的國家

第三編法律の概念法律の意義○法律の淵原○法律の制定○法律の公布○法律の廢止變更○法律の解釋○法律の適用○法律の制裁○法律の効力○法律の類別

第四編權利及義務緒論○權利○義務○權利義務の種類○權利に關する重要なる觀念

第二部……各論

第一編公法緒言○憲法○行政法○刑法●訴訟法第二編私法緒言○民法○商法

帝國百科全書

第廿壹編 民法釋義 親族編 相續編

法學士上田豐君著

緒論
○第一章民法の概念 法律の意義○民法の意義○私權
○第二章家族制度

第一編 親族法
○第一章總則○第二章戸主及ひ家族○第三章婚姻○第四章親子○第五章親權○第六章後見及ひ保佐○第七章親族會○第八章扶養の義務

第二編 相續法
第一章家督相續○第二章遺産相續○第三章相續の承認及ひ拋棄○第四章財産の分離○五章相續人の曠缺○第六章遺言○第七章遺留分

第廿三編 國際公法

法學士北條元篤君
法學士熊谷直太君 譯補

第一編……總則
第一章國際公法の小史○第二章國際公法の意義○第三章國際公法の淵源○第四章國際公法の人格○第四章大原則

第二編……平時國際公法
○第一章國家の發生消滅及變更○第二章國家の領土○第三章土地に非さる國家の財産○第四章領土に關する主權○第六章驅土以外に於ける主權○第七章國家防衛權○第八章國際干渉○第九章國際上國家の代理者○第十章條約○第十一章國際爭議調停

第廿貳編 國際私法

法學士中村太郎君著

緒論 概念○沿革○公法私法の關係○目的及範圍○國際公法上裁判官の職務○外國法適用○淵原○

第一編・外國人の法律上の地位
第二編・國籍　第三編・住所
第四編・資格　第五編・失踪
第六編・婚姻及離婚　第七編・親子の關係
第八編・無能力者の保護　第九編・債務法
第十編・相續及遺囑　第十一編・財産權
第十二編・商法及航海法　第十三編・訴訟法

第廿四編 倫理學

文學士蟹江義丸君譯補

序論……倫理學とは何ぞや
本論……純理學的及び心理學的序説
第一章……善惡―目的論的見解及形式論的見解
第二章……至善―快樂論的見解及ひ勢力論的見解
第三章……害及ひ惡
第四章……義務及ひ良心
第五章……利己主義及ひ利他主義
第六章……德及ひ幸福
第七章……道德と宗敎との關係
第八章……意志の自由

帝國百科全書

第廿五編

日本歴史

文學士 木寺柳次郎君著

●第一期神代●第二期○神武天皇の奠都○崇神垂仁兩帝の經圖○土賊の征服○外國との關係○佛敎の傳來○○大化改新○奈良の奠都○武士の勃興●第三期○平氏の盛衰○頼朝の覇業○承久亂○○元寇○鎌倉幕府○建武の中興○南北兩朝○○足利氏驕奢○應仁の亂○織田信長○豐臣秀吉○征韓の役○德川氏興起○關ヶ原の決戰○豐臣氏の滅亡○德川氏の制度及文敎○大政奉還●第四期○明治の維新○廢藩置縣○西南の役○憲法發布○征淸の役○政黨内閣の創立等

第廿七編

法理學

法學士 丸山長渡君著

緒言

第一編……總論

法理學の定義○法理の性質○法と法理との區別

第二編……人格論

總論○人格○權利

第三編……法律論

法律の起原○法律の觀念及意義○法律と宗敎道德及經濟との關係○法律の淵源○法律の目的○法律の效力○法律の分類

第廿六編

民事訴訟法釋義

法學士 梶原仲治君著

訴訟の勝敗は主張の曲直に於けるよりも手續に通ぜると否とに關すること大なり訴訟の手續法たるの故を以て其攻究を怠るもの、如きは未た法理を語るに足らず

本書著者は多年斯學の研究に委身し複雜の規定を說くに簡淨の筆を以てし議論明確序次整然其規定する所の手續は卷を叙べて知るべし說去り說來りて釋義の實を全ふす世間未た此書の如く明詳なるはなし

第廿八編

日用化學

農學士 井上正賀君編

●總論●第一編空氣●第二編水●第三編食物論●第四編植物質食品●第五編動物質食品●第六編嗜好品●第七編日用品●第八編燃料●第九編腐敗及ひ醱酵●第拾編物質の循環

化學の深遠高妙を以て之を日常生活の作用に應用する是れ本書の特色なり、即ち空氣、水、動植物、嗜好品、日用品、燃料、飮食物等に涉りて縷說明解獨り學者の寶典のみにあらじ世人、一般に必讀すべき實驗學理なり。

帝國百科全書

第廿九編 商法汎論

法學士 添田敬一郞君著

○第一編緒論○第二編商の主體○第三編商の客體(商行爲)○第四編手形○第五編海商

商業に從事する者は、詳かに商法の規定を知らさるへからす本書は著者か新商法に就て其大躰の法理と立法の趣旨とを基礎として最も簡易明瞭に論述したるものなり、各人先つ之を見ば商法の條文を逐ふの煩勞なく商法の精神に通曉するを得べきなり。

第卅壹編 財政學

法學士 笹川潔君著

◉總說○第一章財政及財政學○第二章財政學と他の科學との關係◉第一編經費論○第一章緒論○第二章政治上經濟上及國法上經費の視察○第三章經費の分類◉第二編收入論○第一章緒論○第二章約束上の收入○第三章强迫上の收入◉第三編公債論○第一章緒論○第二章各種の公債◉外篇……財政學史略要

第三拾編 民法釋義 總則編 物權編

法學士 丸尾昌雄君著

○第一編總則編◉緒論◉法の觀念◉民法の觀念◉總則◉人◉法人◉物◉法律行爲◉期間◉時效○第二編物權編◉緒論◉物權の範圍◉物權の意義◉物權の要素◉物權の効力◉物權の種類◉本論◉總則◉占有權◉緒論◉占有權◉緒論◉本編◉所有權◉地上權◉永小作權◉地設權◉留置權◉先取特權◉質權◉抵當權

第卅貳編 西洋哲學史

文學士 蟹江義丸君著

◉序論◉古代哲學○總論◉第一期◉第二期◉第三期◉第四期◉中世哲學○敎父哲學○煩鎖哲學○中世及ひ近世の過渡時代○總論◉第一期◉第二期(已上)

本書は內在的批評を以てターレスより近代に至る大思想を究め其生起變遷の原因を闡明して餘蘊なし、哲學史本來の面目玆に存す眞に是れ哲學史の上乘なり、

帝國百科全書

第卅七編 提要造林學

林學博士 本多靜六君著

總論◉造林學前論◉林木及森林の種類名稱○林木の生活及成長の原理○森林帶即林木發育の關係◉造林學本論◉第一編森林仕立法即狹義の造林○總說○天然造林法○人工造林法○第二編森林の撫育即森林手入法○除伐○疎伐○枝打○下木植付及受光伐○第三編森林作業法○森林作業法種類得失○森林作業法の變更◉造林學各論◉第一編針葉林木編◉第二編濶葉林木各論◉第三編外國林木造林法

第卅八編 商業經濟學

法學士 清水泰吉君著

第一編……商業の概念
第一章商業の起源○第二章商業の意義○第三章商業の種類○第四章商業の發達
第二編……商業經濟の理由
第一章總說○第二章商業經濟の要素○第三章商業經濟の機關○第四章市場關係

經濟學を實際に應用すべきは商業に如くものなく經濟學中趣味實益ともに多きものは商業經濟となす凡そ人間の幸福を進め、國運の進化と世界の和親を助くる者皆商業經濟の作用に基く這般の原理は具さに本書中に盡せり

第卅九編 氣候及土壤論

農學士 佐々木祐太郎君著

第一編……氣候論
第一章序論○第二章光○第三章温度○第四章氣壓及風○第五章氣候帶及植物帶
第二編……土壤論
第一章土壤の由來○第二章土壤の組成○第三章硝化作用及硝酸還元作用○第四章土壤の位置表面的形狀併に其成層の狀態○第五章土壤の性質○第六章土壤の分類

氣候及土壤論是れ斯界の最も困難とする所而して亦最も知ざるべからざるもの、此篇先つ氣候を叙し次に土壤に及べり、實に近來農界の要書たるのみならず、及斯學研究者の一讀せざるべからざるの良書なり。

第四十編 最新統計學

法學士 夏秋龜一君著

第一卷……汎論
第二卷……統計各論
第一編……人口統計
第二編……道義統計
第三編……經濟統計
第四編……國勢統計
第五編……敎育統計

秩序的社會の事物を解釋するには自から具躰的頭腦を以て緻密なる調查を經るを要す、是れ統計學の今日に必要なる所以なり、夏秋法學士之を慨するあり最新統計學を著はして此需用に應ぜんとす、深厚の學流麗の筆紙數三百頁に過ぎざる小册子なりと雖も善く其大綱を說き盡くして肯綮に中る

帝國百科全書

第四拾壹編

西洋歴史

文學士 吉國藤吉君著

總論

現今の時勢を知らんと欲せは必先つ過去の事實を了せざるべからす歴史を研究するの所以玆に在て存す、而して紛亂錯雜其眞相を知るに難きもの實に現界文明の根原たる西洋歴史に有と云ふべし、著者は大學にあり斯學を研究すると數年今や本書を著はして世に公にす即ち時期を分ちて上世史中世史近世史最近世史となし、上は羅馬時代下は佛國革命等一切綱羅し議論確證秩序整然史家座右の要册と云ふべし

第四拾貳編

分析化學

工學士 内藤遊君
工學士 藤井光藏君 著

第四拾參編

民法債權編釋義

法學士 丸尾昌雄君著

本書の特色は概括的に債權の原理を明かにし、其適用を示すにおり、故に廣く學說立法例を參照し、勉めて立法の趣旨を啓發し論理的に條文の釋義を與へたり、殊に初學者をして確實に債權の觀念を知得せしむるに付き著者が如何に留意せしかは一讀して之を了知すべし。

第四拾四編

稅關及倉庫論

法學士 岸崎昌君著

帝國百科全書

帝國百科全書續刊目次

各冊の編次は原稿の出來と印刷上の都合とに依り時々變更あるべし

- ◉社會學　文學士　十時彌君著
- ◉日本法制史　文學士　三浦菊太郎君著
- ◉支那文明史　文學士　白河次郎君著
- ◉畜產汎論　農學士　高見長恒君著
- ◉畜產各論　農學士　田口晋吉君著
- ◉星學　理學士　須藤傳次郎君著
- ◉黴菌學　農學士　井上正賀君著
- ◉森林保護學　農學士　新島善直君著
- ◉言語學　文學士　藤岡勝二君著
- ◉有機化學　理學士　龜高德平君著
- ◉土地改良論　農學士　上野英三郎君著
- ◉無機化學　理學士　眞島利行君著
- ◉構造強弱學　工學士　村瀨英一君著
- ◉世界宗教史　文學士　廣田一乘君著
- ◉邦語獨逸文典　文學士　青木昌吉君著
- ◉人類學　理學博士　坪井正五郎君著
- ◉私犯法　法學士　丸尾昌雄君著
- ◉契約法　法學士　小橋一太君著
- ◉船舶論　法學士　赤松梅吉君著
- ◉新刑法論　法學士　島田鐵吉君著
- ◉行政法　法學士　添田敬一郎君著
- ◉商業汎論　商業學士　飯田旗郎君著
- ◉銀行及外國爲替論　法學士　野口弘毅君著
- ◉商品論　法學士　島田文之助君著
- ◉地文學　理學士　佐藤傳藏君著
- ◉鑛物學　理學士　佐藤傳藏君著

運送法　　日本立法資料全集　別巻 1193

平成30年６月20日　　復刻版第１刷発行

編　者　菅 原 大 太 郎

発行者　今 井　　貴
　　　　渡 辺 左 近

発行所　信 山 社 出 版
〒113-0033　東京都文京区本郷６-２-９-102
モンテベルデ第２東大正門前
電　話　03（3818）1019
ＦＡＸ　03（3818）0344
郵便振替　00140-2-367777（信山社販売）
Printed in Japan.

制作／(株)信山社，印刷・製本／松澤印刷・日進堂

ISBN 978-4-7972-7308-3 C3332

別巻　巻数順一覧【950 ～ 981 巻】

巻数	書　名	編・著者	ISBN	本体価格
950	実地応用町村制質疑録	野田藤吉郎、國吉拓郎	ISBN978-4-7972-6656-6	22,000 円
951	市町村議員必携	川瀬周次、田中迪三	ISBN978-4-7972-6657-3	40,000 円
952	増補 町村制執務備考 全	増澤鐵、飯島篤雄	ISBN978-4-7972-6658-0	46,000 円
953	郡区町村編制法 府県会規則 地方税規則 三法綱論	小笠原美治	ISBN978-4-7972-6659-7	28,000 円
954	郡区町村編制 府県会規則 地方税規則 新法例纂 追加地方諸要則	柳澤武運三	ISBN978-4-7972-6660-3	21,000 円
955	地方革新講話	西内天行	ISBN978-4-7972-6921-5	40,000 円
956	市町村名辞典	杉野耕三郎	ISBN978-4-7972-6922-2	38,000 円
957	市町村吏員提要〔第三版〕	田邊好一	ISBN978-4-7972-6923-9	60,000 円
958	帝国市町村便覧	大西林五郎	ISBN978-4-7972-6924-6	57,000 円
959	最近検定 市町村名鑑 附 官国幣社 及 諸学校所在地一覧	藤澤衛彦、伊東順彦、増田穆、関惣右衛門	ISBN978-4-7972-6925-3	64,000 円
960	鼇頭対照 市町村制解釈 附 理由書 及 参考諸布達	伊藤寿	ISBN978-4-7972-6926-0	40,000 円
961	市町村制釈義 完　附 市町村制理由	水越成章	ISBN978-4-7972-6927-7	36,000 円
962	府県郡市町村 模範治績　附 耕地整理法 産業組合法 附属法令	荻野千之助	ISBN978-4-7972-6928-4	74,000 円
963	市町村大字読方名彙〔大正十四年度版〕	小川琢治	ISBN978-4-7972-6929-1	60,000 円
964	町村会議員選挙要覧	津田東璋	ISBN978-4-7972-6930-7	34,000 円
965	市制町村制 及 府県制　附 普通選挙法	法律研究会	ISBN978-4-7972-6931-4	30,000 円
966	市制町村制註釈 完　附 市制町村制理由〔明治21年初版〕	角田真平、山田正賢	ISBN978-4-7972-6932-1	46,000 円
967	市町村制詳解 全　附 市町村制理由	元田肇、加藤政之助、日鼻豊作	ISBN978-4-7972-6933-8	47,000 円
968	区町村会議要覧 全	阪田辨之助	ISBN978-4-7972-6934-5	28,000 円
969	実用 町村制市制事務提要	河邨貞山、島村文耕	ISBN978-4-7972-6935-2	46,000 円
970	新旧対照 市制町村制正文〔第三版〕	自治館編輯局	ISBN978-4-7972-6936-9	28,000 円
971	細密調査 市町村便覧（三府 四十三県 北海道 樺太 台湾 朝鮮 関東州）附 分類官公衙公私学校銀行所在地一覧表	白山榮一郎、森田公美	ISBN978-4-7972-6937-6	88,000 円
972	正文 市制町村制 並 附属法規	法曹閣	ISBN978-4-7972-6938-3	21,000 円
973	台湾朝鮮関東州 全国市町村便覧 各学校所在地〔第一分冊〕	長谷川好太郎	ISBN978-4-7972-6939-0	58,000 円
974	台湾朝鮮関東州 全国市町村便覧 各学校所在地〔第二分冊〕	長谷川好太郎	ISBN978-4-7972-6940-6	58,000 円
975	合巻 佛蘭西邑法・和蘭邑法・皇国郡区町村編成法	箕作麟祥、大井憲太郎、神田孝平	ISBN978-4-7972-6941-3	28,000 円
976	自治之模範	江木翼	ISBN978-4-7972-6942-0	60,000 円
977	地方制度実例総覧〔明治36年初版〕	金田謙	ISBN978-4-7972-6943-7	48,000 円
978	市町村民 自治読本	武藤榮治郎	ISBN978-4-7972-6944-4	22,000 円
979	町村制詳解　附 市制及町村制理由	相澤富蔵	ISBN978-4-7972-6945-1	28,000 円
980	改正 市町村制 並 附属法規	楠綾雄	ISBN978-4-7972-6946-8	28,000 円
981	改正 市制 及 町村制〔訂正10版〕	山野金蔵	ISBN978-4-7972-6947-5	28,000 円

巻数	書　名	編・著者	ISBN	本体価格
915	改正 新旧対照市町村一覧	鍾美堂	ISBN978-4-7972-6621-4	78,000円
916	東京市会先例彙輯	後藤新平、桐島像一、八田五三	ISBN978-4-7972-6622-1	65,000円
917	改正 地方制度解説〔第六版〕	狭間茂	ISBN978-4-7972-6623-8	67,000円
918	改正 地方制度通義	荒川五郎	ISBN978-4-7972-6624-5	75,000円
919	町村制市制全書 完	中嶋廣蔵	ISBN978-4-7972-6625-2	80,000円
920	自治新制 市町村会法要談 全	田中重策	ISBN978-4-7972-6626-9	22,000円
921	郡市町村吏員 収税実務要書	荻野千之助	ISBN978-4-7972-6627-6	21,000円
922	町村至宝	桂虎次郎	ISBN978-4-7972-6628-3	36,000円
923	地方制度通 全	上山満之進	ISBN978-4-7972-6629-0	60,000円
924	帝国議会府県会郡会市町村会議員必携 附関係法規 第1分冊	太田峯三郎、林田亀太郎、小原新三	ISBN978-4-7972-6630-6	46,000円
925	帝国議会府県会郡会市町村会議員必携 附関係法規 第2分冊	太田峯三郎、林田亀太郎、小原新三	ISBN978-4-7972-6631-3	62,000円
926	市町村是	野田千太郎	ISBN978-4-7972-6632-0	21,000円
927	市町村執務要覧 全 第1分冊	大成館編輯局	ISBN978-4-7972-6633-7	60,000円
928	市町村執務要覧 全 第2分冊	大成館編輯局	ISBN978-4-7972-6634-4	58,000円
929	府県会規則大全 附 裁定録	朝倉達三、若林友之	ISBN978-4-7972-6635-1	28,000円
930	地方自治の手引	前田宇治郎	ISBN978-4-7972-6636-8	28,000円
931	改正 市制町村制と衆議院議員選挙法	服部喜太郎	ISBN978-4-7972-6637-5	28,000円
932	市町村国税事務取扱手続	広島財務研究会	ISBN978-4-7972-6638-2	34,000円
933	地方自治制要義 全	末松偕一郎	ISBN978-4-7972-6639-9	57,000円
934	市町村特別税之栞	三邊長治、水谷平吉	ISBN978-4-7972-6640-5	24,000円
935	英国地方制度 及 税法	良保両氏、水野遵	ISBN978-4-7972-6641-2	34,000円
936	英国地方制度 及 税法	髙橋達	ISBN978-4-7972-6642-9	20,000円
937	日本法典全書 第一編 府県制郡制註釈	上條慎蔵、坪谷善四郎	ISBN978-4-7972-6643-6	58,000円
938	判例挿入 自治法規全集 全	池田繁太郎	ISBN978-4-7972-6644-3	82,000円
939	比較研究 自治之精髄	水野錬太郎	ISBN978-4-7972-6645-0	22,000円
940	傍訓註釈 市制町村制 並ニ 理由書〔第三版〕	筒井時治	ISBN978-4-7972-6646-7	46,000円
941	以呂波引町村便覧	田山宗堯	ISBN978-4-7972-6647-4	37,000円
942	町村制執務要録 全	鷹巣清二郎	ISBN978-4-7972-6648-1	46,000円
943	地方自治 及 振興策	床次竹二郎	ISBN978-4-7972-6649-8	30,000円
944	地方自治講話	田中四郎左衛門	ISBN978-4-7972-6650-4	36,000円
945	地方施設改良 訓諭演説集〔第六版〕	鹽川玉江	ISBN978-4-7972-6651-1	40,000円
946	帝国地方自治団体発達史〔第三版〕	佐藤亀齢	ISBN978-4-7972-6652-8	48,000円
947	農村自治	小橋一太	ISBN978-4-7972-6653-5	34,000円
948	国税 地方税 市町村税 滞納処分法問答	竹尾高堅	ISBN978-4-7972-6654-2	28,000円
949	市町村役場実用 完	福井淳	ISBN978-4-7972-6655-9	40,000円

別巻　巻数順一覧【878 ～ 914 巻】

巻数	書　名	編・著者	ISBN	本体価格
878	明治史第六編 政黨史	博文館編輯局	ISBN978-4-7972-7180-5	42,000 円
879	日本政黨發達史 全〔第一分冊〕	上野熊藏	ISBN978-4-7972-7181-2	50,000 円
880	日本政黨發達史 全〔第二分冊〕	上野熊藏	ISBN978-4-7972-7182-9	50,000 円
881	政党論	梶原保人	ISBN978-4-7972-7184-3	30,000 円
882	獨逸新民法商法正文	古川五郎、山口弘一	ISBN978-4-7972-7185-0	90,000 円
883	日本民法鼇頭對比獨逸民法	荒波正隆	ISBN978-4-7972-7186-7	40,000 円
884	泰西立憲國政治攬要	荒井泰治	ISBN978-4-7972-7187-4	30,000 円
885	改正衆議院議員選擧法釋義 全	福岡伯、横田左仲	ISBN978-4-7972-7188-1	42,000 円
886	改正衆議院議員選擧法釋義 附 改正貴族院令,治安維持法	犀川長作、犀川久平	ISBN978-4-7972-7189-8	33,000 円
887	公民必携 選擧法規ト判決例	大浦兼武、平沼騏一郎、木下友三郎、清水澄、三浦數平	ISBN978-4-7972-7190-4	96,000 円
888	衆議院議員選擧法輯覽	司法省刑事局	ISBN978-4-7972-7191-1	53,000 円
889	行政司法選擧判例總覽―行政救濟と其手續―	澤田竹治郎・川崎秀男	ISBN978-4-7972-7192-8	72,000 円
890	日本親族相續法義解 全	髙橋捨六・堀田馬三	ISBN978-4-7972-7193-5	45,000 円
891	普通選擧文書集成	山中秀男・岩本溫良	ISBN978-4-7972-7194-2	85,000 円
892	普選の勝者 代議士月旦	大石末吉	ISBN978-4-7972-7195-9	60,000 円
893	刑法註釋 卷一～卷四(上卷)	村田保	ISBN978-4-7972-7196-6	58,000 円
894	刑法註釋 卷五～卷八(下卷)	村田保	ISBN978-4-7972-7197-3	50,000 円
895	治罪法註釋 卷一～卷四(上卷)	村田保	ISBN978-4-7972-7198-0	50,000 円
896	治罪法註釋 卷五～卷八(下卷)	村田保	ISBN978-4-7972-7198-0	50,000 円
897	議會選擧法	カール・ブラウニアス、國政研究科會	ISBN978-4-7972-7201-7	42,000 円
901	鼇頭註釈 町村制　附 理由 全	八乙女盛次、片野続	ISBN978-4-7972-6607-8	28,000 円
902	改正 市制町村制　附 改正要義	田山宗堯	ISBN978-4-7972-6608-5	28,000 円
903	増補訂正 町村制詳解〔第十五版〕	長峰安三郎、三浦通太、野田千太郎	ISBN978-4-7972-6609-2	52,000 円
904	市制町村制 並 理由書　附 直接間接税類別及実施手続	高崎修助	ISBN978-4-7972-6610-8	20,000 円
905	町村制要義	河野正義	ISBN978-4-7972-6611-5	28,000 円
906	改正 市制町村制義解〔帝國地方行政学会〕	川村芳次	ISBN978-4-7972-6612-2	60,000 円
907	市制町村制 及 関係法令〔第三版〕	野田千太郎	ISBN978-4-7972-6613-9	35,000 円
908	市町村新旧対照一覧	中村芳松	ISBN978-4-7972-6614-6	38,000 円
909	改正 府県郡制問答講義	木内英雄	ISBN978-4-7972-6615-3	28,000 円
910	地方自治提要 全　附 諸届願書式 日用規則抄録	木村時義、吉武則久	ISBN978-4-7972-6616-0	56,000 円
911	訂正増補 市町村制問答詳解　附 理由及追輯	福井淳	ISBN978-4-7972-6617-7	70,000 円
912	改正 府県制郡制註釈〔第三版〕	福井淳	ISBN978-4-7972-6618-4	34,000 円
913	地方制度実例総覧〔第七版〕	自治館編輯局	ISBN978-4-7972-6619-1	78,000 円
914	英国地方政治論	ジョージ・チャールズ・ブロドリック、久米金彌	ISBN978-4-7972-6620-7	30,000 円